De Gaulle
L'éthique du panache

Du même auteur

Entretiens avec Jean-Marc Ferry, Labor, 2003.
Sartre. D'un siècle l'autre, Labor, 2004.
Lire Sartre. Thèmes et anathèmes, Labor, 2005.
Le Western. Une histoire parallèle des États-Unis, PUF, 2008.
Je plaisante, Bernard Pascuito Éditeur, 2009.
Robert Aldrich. Violence et rédemption, PUF, 2011.
Le Western, conscience du nouveau monde, Honoré Champion, 2016.
Sartre. Les périls de la liberté, Michalon, 2019.
Hemingway. Risquer sa vie, Michalon, 2021.

William Bourton

De Gaulle
L'éthique du panache

Michalon Éditeur

Collection
le bien commun
créée par Antoine Garapon
et dirigée par Adeline Baldacchino

9, rue de l'École-Polytechnique – 75005 Paris
www.michalon.fr
ISBN : 978-2-347-00353-1

In memoriam Michel Meyer

Introduction

« Toute ma vie, je me suis fait
une certaine idée de la France. »

Dans les œuvres qui font époque, l'incipit a valeur d'annonce. Il programme la suite du propos, crée un monde, pose son auteur autant qu'il accroche le lecteur. Ainsi, lorsque de Gaulle prend la plume pour l'Histoire, il lance ses *Mémoires de guerre* d'un coup de menton. Mais aussitôt, Charles semble poser la main sur l'épaule du Général: « Ce qu'il y a, en moi, d'affectif imagine naturellement la France, telle la princesse des contes ou la madone aux fresques des murs, comme vouée à une destinée éminente et exceptionnelle[1]. » De l'enchaînement naît un trouble.

Soldat ou poète? « Je suis un soldat. C'est-à-dire un poète. Un poète épique, s'entend », répondait-il, non sans malice[2]. Le poète s'empare de l'empire des âmes et étend ainsi son pouvoir dans la durée, au-delà de la mort. Depuis longtemps, le Général est sorti

1. De Gaulle Charles, *Mémoires*, Bibliothèque de la Pléiade, Gallimard, 2000, p. 5.
2. Barreyre Frédéric, *Les derniers mots du Général*, Grasset, 1971, p. 158.

de l'histoire des passions politiques de son temps pour s'élever au rang de légende, de mythe – qui, comme tous les mythes, renvoie à une construction d'images censée mobiliser les masses – ou, en brossant le tableau sous des teintes plus sombres, de figure de cire. Or, comme s'agaçait il y a un demi-siècle déjà Romain Gary, compagnon de la Libération et gaulliste inconditionnel[3], « s'il y a une chose que de Gaulle exige, c'est l'originalité, et cela veut dire la fin du reliquaire[4] ».

En déclarant de bonne heure qu'il était « un homme qui n'appartient à personne et qui appartient à tout le monde[5] », il a certes donné une sorte de blanc-seing à tous les zélotes à venir mais, avec le même Gary, posons que si héritage il doit y avoir, celui-ci est avant tout éthique, et que la plus sûre façon de le trahir est d'en faire « un produit politique de consommation courante[6] ». L'emphase mémorielle et le repli sur une valeur refuge sont des symptômes connus des périodes de crise. À chacun désormais son de Gaulle, son morceau authentique de la Sainte Croix de Lorraine. Cet arraisonnement repose inévitablement sur un picorage partisan, des oublis sélectifs, une bonne dose de mauvaise foi.

Ce livre se propose de démêler les fils de l'Histoire pour découvrir qui fut réellement le général de Gaulle derrière la « Statue du commandeur ». De comprendre, en suivant pas à pas son parcours, les valeurs, les idéaux,

---

3. Gary Romain, « Gaulliste inconditionnel », *Le Monde*, 23-24 juin 1969, p. 6.
4. Gary Romain, *La nuit sera calme*, Gallimard, 1974, p. 115.
5. De Gaulle Charles, « Conférence de presse, 18 mai 1958 » *in Discours et messages. Avec le renouveau (mai 1958-juillet 1962)*, Plon, 1970, p. 5.
6. Gary Romain, *La nuit sera calme*, *op. cit.*, p. 112.

les ambitions qui l'habitaient et qui déterminèrent les engagements par lesquels il se forgea un destin. D'analyser à quels défis, à quelles urgences répondirent les actes souvent radicaux qu'il posa et pour quelles raisons ceux-ci s'imposèrent à lui comme la seule réponse possible. De déchiffrer, en un mot, sa vision du monde, sa conception de la France et des relations internationales – en particulier, son rapport à l'idée de démocratie, de souveraineté, d'ordre et de progrès – au milieu du monde tragique qui fut le sien, qui le marqua et qu'il marqua en retour, et à la face duquel il aurait pu lancer, tel Franz von Gerlach dans *Les séquestrés d'Altona*: «J'ai pris le siècle sur mes épaules et j'ai dit: j'en répondrai. En ce jour et pour toujours[7].»

---

7. Sartre Jean-Paul, *Les Séquestrés d'Altona*, Gallimard, 1959, p. 223.

I

Devenir de Gaulle

Le 18 juin 1940, l'acte fondateur du gaullisme, le fameux appel à la résistance nationale diffusé sur les ondes de la BBC à 22 heures, ne fut entendu par à peu près personne dans l'Hexagone et le lendemain, seuls quelques quotidiens régionaux imprimés en zone non occupée y feront allusion.

C'est sur l'ordre express de Winston Churchill que Charles de Gaulle eut accès au studio 4B de la radio britannique. Les deux hommes avaient fait connaissance le 9 juin à Downing Street, où le frais émoulu sous-secrétaire français d'État à la Défense nationale et à la Guerre, âgé de 49 ans, était venu faire part de la volonté de son pays – ou à tout le moins de la sienne… – de continuer la lutte nonobstant l'enchaînement des revers militaires. Ils se reverront deux jours plus tard à Breteau, dans le Loiret, où le Premier ministre britannique s'était déplacé pour assister au Conseil suprême interallié et fouetter l'honneur français.

« Notre conversation fortifia la confiance que j'avais dans sa volonté. Lui-même en retint, sans doute, que de Gaulle, bien que démuni, n'était pas moins résolu[8] », écrira le Général dans ses *Mémoires de guerre*. « Il était jeune, énergique et m'avait fait une impression très favorable », opinera Sir Winston dans les siens[9]. Si le courant est immédiatement passé entre les deux hommes, le Bureau de la Guerre britannique ne voit en revanche guère l'intérêt d'hypothéquer les futures relations avec le maréchal Pétain en laissant cet obscur officier, nommé général de brigade à titre temporaire deux semaines auparavant, haranguer d'hypothétiques forces vives françaises.

De fait, en ce funeste été 40, échoué à Londres après avoir brûlé ses vaisseaux, de Gaulle est nu. « Je n'étais rien, au départ », confirme-t-il. « À mes côtés, pas l'ombre d'une force, ni d'une organisation. En France, aucun répondant et aucune notoriété. À l'étranger, ni crédit, ni justification[10]. » Il est des tableaux que l'on se plaît à noircir, tant ils magnifient rétrospectivement les ressources de celui qui finit par triompher de l'adversité. Ainsi, de Gaulle s'accable pour mieux bomber le torse :

> Ce dénuement même me traçait ma ligne de conduite. C'est en épousant sans ménager rien la cause du salut national que je pourrais trouver l'autorité. C'est en agissant comme champion inflexible de la nation et de l'État qu'il me serait possible de grouper, parmi les Français, les consentements, voire les enthousiasmes, et d'obtenir des étrangers respect, voire considération[11].

8. De Gaulle Charles, *Mémoires*, *op. cit.*, p. 58.
9. Churchill Winston, *Mémoires de guerre, 1919-1941*, Tallandier, 2013, p. 489-490.
10. De Gaulle Charles, *Mémoires*, *op. cit.*, p. 72.
11. *Ibid.*

Mais d'où parle cet homme qui, par un acte de pure liberté, s'est proclamé rédempteur de la France – et dans son esprit, la France elle-même ?

Un soldat

Dans les deux acceptions du mot, Charles de Gaulle est un soldat : un « homme qui sert dans une armée » et un « combattant, défenseur au service de (une cause)[12] ». Un militaire, sorti de Saint-Cyr en septembre 1912, 13e sur 211, avec le grade de sous-lieutenant. L'auteur, à la tête de la 4e division cuirassée, d'une attaque téméraire contre une troupe blindée allemande près de Montcornet, dans l'Aisne : l'un des rares faits d'armes français au milieu de la débâcle de mai 1940, qui lui a valu de monter en grade, puis d'entrer au gouvernement et, quatre jours plus tard, de croiser la route de Churchill.

Un soldat fier mais meurtri par sa capture par les Allemands lors de la guerre précédente, à Douaumont, alors qu'il commandait la 10e compagnie du 3e bataillon du 33e régiment d'infanterie. Ce 2 mars 1916, le capitaine de Gaulle a-t-il été grièvement blessé avant de tomber entre les mains de l'ennemi, comme l'histoire officielle le retient ? Ou est-il sorti de son poste de commandement sans combattre, un tissu blanc accroché à la baïonnette du fusil, comme des témoins allemands mais aussi français l'affirmeront[13] ? De Gaulle traitera toujours ces allégations par le mépris, « conscient probablement, écrit son biographe, Jean-Luc Barré, non d'avoir manqué

---

12. *Le Robert illustré*, édition 2014, p. 1779.

13. Barré Jean-Luc, *De Gaulle, une vie. L'homme de personne, 1890-1944*, Grasset, 2023, p. 123.

de courage et de témérité mais d'en avoir plutôt payé le prix par l'épreuve d'une “odieuse captivité”[14] ». Après un séjour dans un hôpital à Mayence, il passera en effet deux ans et demi dans différents camps de prisonniers en Allemagne et en gardera un profond sentiment de frustration, que cinq tentatives d'évasion ne parviendront pas à édulcorer.

Un soldat donc, mais doublé d'un homme de lettres. S'il a fureté dans les traités de stratégie militaire prussiens (von Bernhardi, von der Goltz) pour alimenter ses propres travaux, il a également lu, sous l'autorité de son père, Henri de Gaulle, préfet des études dans un collège de jésuites à Paris, les mémorialistes de l'Antiquité (Thucydide, César, Saint-Augustin) ainsi que le philosophe Henri Bergson, un ami de sa famille. Ses propres inclinations le portent vers les romanciers classiques (Balzac, Hugo, Tolstoï, Dostoïevski). Trois contemporains « anti-modernes », Charles Péguy, Maurice Barrès et Charles Maurras – on pourrait ajouter l'historien et académicien Jacques Bainville, dont il regrettait l'excommunication en raison de la mise à l'index de l'Action française par le Vatican[15] – vont par ailleurs exercer une influence singulière mais discutée sur le jeune officier.

De Gaulle n'a ouvertement revendiqué que celle de Péguy. « Aucun écrivain ne m'a autant marqué », confessera-t-il bien plus tard à son ministre de l'Information et confident, Alain Peyrefitte, expliquant qu'il admirait la culture de Péguy, sa pensée, ses jugements, son style, ses formules – la « personne France »,

---

14. *Ibid.*, p. 123-124.

15. De Gaulle Philippe, *De Gaulle, mon père. Entretiens avec Michel Tauriac,* t. 1, Pocket, 2005, p. 570.

qui annonce la « princesse des contes » et la « madone aux fresques des murs ». Son côté « très français » aussi, et même « terriblement revanchard[16] ». La sentence qui l'a le plus frappé ? « L'ordre et l'ordre seul fait en définitive la liberté. Le désordre fait la servitude[17] », répondait-il. Pour de Gaulle, Péguy est l'homme de la synthèse nationale, celui qui, comme l'a écrit Michel Winock, sut concevoir « l'alliance de la République laïque et de la France chrétienne dans le patriotisme[18] » – ce qui constitue un excellent résumé du credo gaullien. « Son » Péguy est un mystique anti-jésuitique, un patriote dreyfusard et, accessoirement seulement, le nationaliste tombé au champ d'honneur, le crucifix à la main, dépeint par Barrès dans son article nécrologique cocardier publié dans *L'Écho de Paris*, le 17 septembre 1914.

L'empire dudit Barrès est plus délicat à cerner. S'il ne l'évoquera jamais au cours des conversations à bâtons rompus qu'il aura bien plus tard avec Alain Peyrefitte, il l'a bel et bien lu : son ministre en veut pour preuve que le fameux « Je me suis toujours fait une certaine idée de la France » est employé par Barrès dans ses *Cahiers* en 1920[19]. Mais en toute probité, c'est l'admirateur de Jeanne d'Arc ou l'adversaire de Jaurès et des pacifistes lors de la Première Guerre mondiale qui aurait pu l'attirer et non l'antisémite notoire, qui a écrit : « Que Dreyfus est capable de trahir, je le conclus

16. Peyrefitte Alain, *C'était de Gaulle*, Gallimard, 2002, p. 783.
17. *Ibid.*
18. Winock Michel, *Le siècle des intellectuels*, Seuil, 1997, p. 111.
19. Peyrefitte Alain, *C'était de Gaulle*, *op. cit.*, p. 614.

de sa race[20]. » Notons ici, au sujet de l'Affaire, que sans être ouvertement dreyfusard, de Gaulle admettait la « vraisemblance de l'erreur judiciaire qu'étayent des faux, inconséquences, abus, commis par l'accusation » mais regrettait surtout, dans « ce lamentable procès », l'affrontement des « deux meutes rivales » et l'affaiblissement du prestige de l'armée[21]. Reste le sulfureux Maurras. Peyrefitte affirme que de Gaulle le voyait comme un ennemi de la République, au même titre que le général Boulanger ou le colonel de La Roque[22], mais selon Éric Roussel, tout indique son influence sur le jeune saint-cyrien. « Certains disciples du Général s'indignent lorsqu'on s'aventure à souligner cette influence, comme si l'on voulait tirer l'homme du 18 juin du côté de la xénophobie et de l'antisémitisme », précise-t-il.

> De Gaulle, cela est bien certain, n'a pu suivre le théoricien du nationalisme intégral sur ce terrain. Mais sa formule, célèbre, authentifiée par son fils et entendue par Maurice Schumann, « Maurras est devenu fou à force d'avoir raison », atteste bien qu'il lui reconnaissait une clairvoyance remarquable sur certains points, son tort étant de pousser en quelque sorte ses théories jusqu'à l'absurde[23].

De Gaulle « nationaliste » ? Régis Debray a épinglé la fatale ambiguïté du terme « nation », qui confond deux sœurs ennemies : communion ethnique

20. Barrès Maurice, *Scènes et doctrines du nationalisme*, Félix Juven Éditeur, 1902, p. 152.
21. De Gaulle Charles, *La France et son armée*, 10/18, 1965, p. 243-244.
22. Peyrefitte Alain, *C'était de Gaulle*, *op. cit.*, p. 49.
23. Roussel Éric, *Charles de Gaulle*, Gallimard, 2002, p. 22.

et communauté élective, race et peuple, nature et volonté, forêt germanique et Déclaration des droits du citoyen, droite et gauche. Jamais, note le médiologue, de Gaulle n'a parlé de « racines » et encore moins de « pureté », de « corps étrangers » ou de « contamination », et le terme d'« identité » lui était étranger[24]. Il passera effectivement le plus clair de sa vie publique à essayer de rassembler – et non d'exclure – et comme l'a écrit Malraux, cette obsession a « désinfecté le patriotisme[25] ».

« Patriotisme » est, quant à lui, un terme parfaitement assumé par l'intéressé, qu'il associe à sa classe sociale. Lors d'un dîner informel donné en son honneur le 3 juillet 1942 par les représentants britanniques au Comité national de Londres, il expliquera ainsi à ses hôtes qu'il y avait deux sortes de droites en France : la « petite noblesse de campagne » et les classes aisées. « La première ("et j'en suis", a-t-il dit), inspirée par le patriotisme du plus haut niveau, est prête à tous les sacrifices pour la gloire de la France et pour le bon gouvernement du pays », peut-on lire dans le compte-rendu de la rencontre rédigé par le Foreign Office. Et de poursuivre que la seconde droite se montre en revanche « beaucoup plus égoïste et ouvertement hostile à l'émancipation des classes ouvrières ». Quant à la « tête du peloton » – certaines aristocrates parisiennes et les industriels fortunés – il est selon lui

24. Debray Régis, *À demain de Gaulle,* Gallimard, « Le Débat », 1990, p. 96.
25. Malraux André, *Le Miroir des limbes*, Gallimard, « Bibliothèque de la Pléiade », 1976, p. 706.

« pourri par la richesse[26] ». Pour le solde, notons que de Gaulle s'est gardé de définir ce qu'il entendait précisément par « nation », ni d'exalter « la terre », comme a pu le faire un Pétain – ce qui a fait dire à l'avocat de ce dernier, Jacques Isorni, que contrairement au Maréchal, qui estimait que défendre la France signifiait défendre son « sol », le Général avait une vision abstraite, idéelle, de la France : raison pour laquelle il quittera le pays en juin 1940 et, vingt ans plus tard, acceptera la perte des territoires français d'Algérie[27].

Un auteur

Le 6 avril 1921, le capitaine de Gaulle épouse Yvonne Vendroux, fille d'un industriel de Calais. « Elle est fière de celui qu'elle considère déjà comme un grand homme, voué aux plus hautes destinées et désormais, mettra tout en œuvre pour que rien de ce qui dépend d'elle ne vienne lui causer le moindre souci ou entraver sa réussite[28] », écrira son frère, Jacques Vendroux. De cette union, solide autant que discrète, naîtront trois enfants : Philippe, Élisabeth et Anne. Jusqu'à sa mort, en 1948, à l'âge de 20 ans, cette dernière, porteuse d'une trisomie 21, sera l'objet de toutes les attentions de la part de son père.

L'année de son mariage, Charles de Gaulle est chargé d'un cours à l'École spéciale militaire de Saint-Cyr sur « L'histoire des batailles des Armées françaises de la Révolution à l'Armistice de 1918 ». Immense,

---

26. Malye François, *De Gaulle vu par les Anglais,* Tallandier, 2024, p. 64.
27. Jackson Julian, *Le procès Pétain*, Seuil, 2024, p. 351.
28. Vendroux Jacques, *Yvonne de Gaulle, ma sœur*, Plon, 1991, p. 83.

botté, gants blancs et sabre au côté, l'orateur a grande allure et impressionne son auditoire. Deux heures durant, sans jamais consulter ses notes, il mobilise son érudition, convoque les grandes figures du passé, transporte l'assistance dans des époques lointaines, qu'elle connaît mal, tout en lui ouvrant des chemins vers l'avenir.

Très à l'aise à l'oral, de Gaulle ne tardera pas à se révéler également à l'écrit. Après avoir signé plusieurs articles dans des revues militaires, il publie en 1924, sous le titre *La Discorde chez l'ennemi*, la matière de conférences données à l'École supérieure de Guerre – qu'il a intégrée deux ans plus tôt. Trois autres ouvrages suivront : *Le Fil de l'épée* en 1932, *Vers l'armée de métier en* 1934 et *La France et son armée* en 1936.

L'histoire de ce dernier volume vaut la peine que l'on s'y arrête car elle met en lumière l'évolution, et en l'occurrence la détérioration, des relations entre de Gaulle et le maréchal Pétain, sous les ordres duquel il avait servi en 1912. « Le Général n'a cessé de le répéter : à cette époque, et plus encore durant la période de la Grande Guerre, Philippe Pétain a été un grand homme », affirme Éric Roussel. Une estime réciproque : dans ses rapports, le futur héros de Verdun couvre d'éloges le jeune officier, « qui donnera les plus belles espérances pour l'avenir[29] ».

Leur chemin va se croiser à nouveau en juillet 1925. Toujours accablé par la débâcle de Douaumont, le capitaine de Gaulle quitte un emploi médiocre à l'état-major de l'armée du Rhin pour entrer à l'état-major particulier de Pétain, alors vice-président du

29. Roussel Éric, *Charles de Gaulle, op. cit.*, p. 19.

Conseil supérieur de Guerre. Selon Jean Lacouture, le Maréchal continue à lui vouer « une affection de vieillard sans enfant et de chef jusqu'alors privé de disciples dignes de lui[30] ». Mais de Gaulle n'éprouve plus tout à fait les mêmes sentiments. La fatuité du « vainqueur de la Grande Guerre » l'agace et ses manœuvres pour écarter le maréchal Lyautey du Maroc à l'été 1924 l'ont franchement indigné. Il n'en accepte pas moins la demande de Pétain de rédiger en son nom un ouvrage sur « l'histoire du soldat à travers les âges », censé soutenir sa candidature à l'Académie française. Mais lorsque ce dernier sera reçu sous la Coupole au fauteuil de Foch, de Gaulle fera éditer *La France et son armée* sous son patronyme, ce que Pétain ne lui pardonnera jamais, malgré la dédicace qui lui est adressée.

La conduite des hommes

La Discorde chez l'ennemi, *Le Fil de l'épée*, *Vers l'armée de métier* et *La France et son armée* ne mériteraient guère une heure de peine de nos jours si l'auteur et son ombrageuse personnalité ne s'y étaient mis tout entiers. À force de professions de foi sur la conduite des hommes et des peuples en temps de guerre comme de paix, c'est l'idiosyncrasie du futur « sauveur de la France » qui apparaît à l'encre sympathique.

Dans *La Discorde chez l'ennemi*, de Gaulle se livre à une analyse des causes de la défaite du Deuxième Reich, nourrie par la lecture de la presse allemande durant sa longue captivité. Dans son diagnostic, il isole trois toxines fatales à l'adversaire.

30. Lacouture Jean, *De Gaulle, 1. Le rebelle*, Seuil, 1984, p. 128.

D'abord, l'indiscipline et les initiatives intempestives de quelques chefs militaires. Si de Gaulle salue l'esprit d'initiative allemand, qui fit merveille durant la guerre de 1870, il constate que lorsque l'improvisation finit par tenir lieu de tactique, elle conduit à la catastrophe aussi sûrement que le dogmatisme et les certitudes stratégiques gravées dans le marbre.

Il épingle ensuite la lutte acharnée que se livrèrent le gouvernement civil et le haut commandement allemand autour de la question du blocus de la Grande-Bretagne et de la France. Pour de Gaulle, la décision stratégique de pratiquer la guerre sous-marine sans restriction incombait en propre à celui qui exerçait la conduite politique de la guerre : le Kaiser Guillaume II. Or, en février 1917, le grand-amiral Tirpitz lui força la main. Après le torpillage de neuf bâtiments américains, le président Woodrow Wilson n'aura aucune peine à faire voter l'entrée en guerre des États-Unis par le Congrès, ce qui précipitera la défaite de l'Allemagne.

Dernier élément, fatal celui-là : le moral des troupes et, surtout, de la nation. De Gaulle relève que l'Allemagne capitula alors qu'elle avait subi des pertes proportionnellement moins lourdes que la France, qu'elle disposait encore de quatre millions d'hommes en armes et d'une industrie intacte mais que, après quatre longues années de guerre, elle avait perdu foi en la victoire. « L'opinion publique avait son siège fait », écrit-il, « rien, ni personne n'aurait pu la rallier, ni la décider à de suprêmes sacrifices[31]. »

31. De Gaulle Charles, *La Discorde chez l'ennemi*, Le Livre de Poche, 1973, p. 178.

À coups d'épée

La lecture du *Fil de l'épée* s'avère plus instructive encore. Comme l'indique assez justement le texte de quatrième de couverture de l'édition de poche sortie en 1962, au faîte du gaullisme triomphant, ce livre contient, « formulées dans la langue qui lui est propre, les idées directrices du général de Gaulle ».

Exemples historiques à l'appui, l'auteur y pose que « quelque direction que prenne le monde, il ne se passera pas des armes[32] ». Il réitérera cette conviction quatre ans plus tard, dans *La France et son armée* :

> La France fut faite à coups d'épée. Nos pères rentrèrent dans l'histoire avec le glaive de Brennus. Ce sont les armes romaines qui leur portèrent la civilisation. Grâce à la hache de Clovis, la patrie prit conscience d'elle-même après la chute de l'Empire[33].

Pour de Gaulle, il est impérieux que l'armée retrouve une place prééminente dans la société française, qu'elle soit prête à combattre, ne fût-ce que pour éviter les combats. Une gageure en cet entre-deux-guerres où « les lois tendent à l'affaiblir », où « les mœurs battent en brèche[34] ». La nécessité immédiate s'étant éloignée avec la guerre, il redoute que les troupes ne s'abandonnent à la routine et que les derniers officiers motivés ne quittent la carrière. Écrit au lendemain de l'accession au pouvoir d'Hitler, *Vers l'armée de métier* évoque les moyens dont le commandement devrait disposer pour assurer sa mission de défense du territoire national :

---

32. De Gaulle Charles, *Le Fil de l'épée*, 10/18, 1962, p. 10.
33. De Gaulle Charles, *La France et son armée, op. cit.*, p. 9.
34. De Gaulle Charles, *Le Fil de l'épée, op. cit.*, p. 73.

une armée moderne, mécanisée… et qui ne se repose ni sur ses lauriers de 1918, ni sur des stratégies périmées. À sa tête, il ne veut que des hommes singuliers, insoucieux d'eux-mêmes au danger et appelés à être des exemples pour tous.

À ces « grands hommes », sans qui rien de grand ne peut se faire, de Gaulle est enclin à lâcher la bride, mais seulement lorsque la patrie est attaquée. « Rien n'importe plus à l'État que de ménager dans les cadres ces personnages d'exception qui seront son suprême recours[35] », prêche-t-il. Le « surhomme » gaullien n'a cependant rien à voir avec la « brute blonde » nietzschéenne[36], il est au contraire le dépositaire et le protecteur d'une histoire et d'une culture millénaires : « Pas un illustre capitaine qui n'eut le goût et le sentiment du patrimoine de l'esprit humain[37]. » Dans *Le Fil de l'épée*, de Gaulle exprimera des réserves vis-à-vis des « *imperators* » – épithète sarcastique dont il affuble désormais Pétain en privé[38] – qui en arrivent à prendre en main le destin d'une nation aux abois. Un passage qui prend une saveur particulière à l'aune des événements à venir… Il explique, citant Alexandre, Frédéric II et Napoléon :

35. De Gaulle Charles, *Vers l'armée de métier*, Presses Pocket, 1963, p. 178.

36. « Au fond de toutes ces races aristocratiques, il est impossible de ne pas reconnaître le fauve, la superbe *brute blonde* rôdant en quête de proie et de carnage », *La Généalogie de la morale*, Gallimard idées, 1966, p. 51.

37. De Gaulle Charles, *Vers l'armée de métier, op. cit.*, p. 175.

38. Jackson Julian, *De Gaulle. Une certaine idée de la France*, Seuil, 2019, p. 92.

> Quelquefois, allant au plus simple, des peuples s'en remirent du soin de conduire leur politique et leurs armées au gré et à la fortune d'un seul homme. Il faut convenir que cette disposition conféra maintes fois à l'effort guerrier une vigueur. Mais elle eut aussi ses revers cruels. On lui doit Waterloo après Austerlitz. Pour peu que défaille le chef, elle aboutit à Sedan[39].

Pour le commandant de Gaulle, s'il faut laisser aux officiers supérieurs la conduite des opérations sur le terrain lorsque la guerre éclate, l'ordre militaire n'en reste pas moins subordonné à l'ordre politique. Il ne dérogera jamais à cette doctrine. Ainsi, en janvier 1946, quelques jours avant son premier retrait de la scène politique, il prendra un décret stipulant que le président du gouvernement provisoire de la République est Chef des Armées. En 1958, il fera inscrire ce principe, au bénéfice du président de la République, à l'article 15 de la Constitution de la Ve République.

Forcer le destin

Alors que l'horizon politique devient sombre et menaçant en Allemagne, au grand dam de De Gaulle, la France se complaît dans une sorte de léthargie mi-satisfaite, mi-fataliste. L'idée d'un front fixe et continu, héritage de la Grande Guerre, domine la doctrine militaire ; l'organisation de l'armée, l'instruction et l'armement en découlent. Il écrira plus tard dans ses *Mémoires de guerre :*

> Une telle conception de la guerre convenait à l'esprit du régime Celui-ci, que la faiblesse du pouvoir et les discordes

39. De Gaulle Charles, *Le Fil de l'épée*, *op. cit.*, p. 169-170.

condamnaient à la stagnation, ne pouvait manquer d'épouser un système à ce point statique[40].

L'absence d'avions d'assaut et surtout de chars modernes, rapides et équipés de canons à longue portée, inquiète particulièrement l'auteur de *Vers l'armée de métier*. Devant l'inertie de l'état-major, il empoigne son bâton de pèlerin et tente de rallier la presse et la classe politique à la nécessité de refonder la stratégie de défense autour de l'utilisation systématique des blindés. Mais à l'exception notable du futur président du Conseil, Paul Reynaud, son élan réformiste se brise sur l'indifférence et les railleries – de Gaulle gagnant le sobriquet de « colonel Motor ». Pétain en personne le désavoue, en affirmant qu'avions et chars ne modifient pas les données de la guerre et que l'élément principal de la sécurité française demeure le front continu étayé par la fortification[41].

Pour Jean Touchard, ce camouflet ancra chez de Gaulle deux convictions : un mépris pour le conservatisme des chefs militaires français et la conviction que le régime tel qu'il fonctionnait était un régime de faiblesse. « L'aversion du général de Gaulle pour la démocratie parlementaire a sans nul doute été puissamment renforcée par cette vaine campagne pour l'armée de métier[42] », estime l'historien du gaullisme. Aversion pour la démocratie parlementaire en tant que telle ou pour la IIIe République finissante, pour « un régime qui poursuivait ses jeux absurdes en face d'un Reich prêt à bondir sur nous » et pour « l'aveuglement

---

40. De Gaulle Charles, *Mémoires*, *op. cit.*, p. 9.

41. *Ibid.*, p. 19.

42. Touchard Jean, *Le Gaullisme 1940-1969*, Seuil, 1978, p. 41.

des badauds qui acclamaient l'abandon de Munich[43] » ? Nous y reviendrons… En attendant, ses vaticinations ne tarderont pas à se vérifier par les faits.

Le 10 mai 1940, quatre-vingts divisions allemandes envahissent la Belgique et le Grand-Duché de Luxembourg. Trois jours plus tard, les panzers franchissent la Meuse tandis que les Stuka bombardent en piqué les positions françaises. En janvier 1940, de Gaulle avait envoyé à quatre-vingts personnalités politiques, ainsi qu'aux chefs des armées, les généraux Gamelin et Weygand, un mémorandum fondé sur l'analyse des opérations en Pologne dans lequel il insistait sur la nécessité d'allier les chars et l'aviation[44]…

Alors que le front français est enfoncé, le colonel de Gaulle, qui commande la 4e division cuirassée, lance une attaque remarquée contre la 10e *Panzerdivision* dans le village de Montcornet, dans l'Aisne. Une goutte d'eau dans la bérézina, qui lui vaut toutefois d'être promu général de brigade à titre temporaire. Il se rappelle alors au bon souvenir de Reynaud, devenu président du Conseil. Il lui adresse un nouveau mémorandum très direct, dans lequel il affirme que la défaite qui se profile provient de l'application par l'ennemi des conceptions qui sont les siennes et du refus du commandement français de les appliquer. Il lui reproche ensuite d'abandonner la France aux « hommes d'autrefois », qui le redoutent « parce qu'ils savent que j'ai raison et que je possède le dynamisme nécessaire pour leur forcer la main ». En conclusion,

43. De Gaulle Charles, *Mémoires*, *op. cit.*, p. 26.
44. De Gaulle Charles, « Un officier non conformiste (1919-1939) », site de la Fondation Charles de Gaulle.

il se propose d'agir avec lui mais « par lui-même ». Une offre de service à prendre ou à laisser[45]...

Le 6 juin, contre l'avis du maréchal Pétain, rappelé à la vice-présidence du Conseil, et du nouveau commandant suprême de l'armée française, le général Weygand, Reynaud prend sur lui de faire entrer de Gaulle au gouvernement, comme sous-secrétaire d'État à la Défense nationale et à la Guerre. Il lui confie également la coordination de l'action avec le Royaume-Uni, vis-à-vis de qui la France s'est engagée à ne conclure d'armistice que d'un commun accord.

Le défaitisme a gagné le camp français mais Churchill, qui lui aussi s'était fait « une certaine idée de la France », refuse de délier celle-ci de son serment. Il trouve en de Gaulle un allié. Ce dernier est conscient du caractère désespéré de la situation militaire mais plaide la poursuite de la lutte hors métropole, à l'instar des gouvernements norvégien ou polonais. Pétain et Weygand lui rétorquent que le gouvernement ne peut quitter le territoire national et qu'un armistice éviterait l'occupation totale du pays. Malgré leur hostilité, de Gaulle parvient à convaincre Reynaud d'ordonner le repli du gouvernement et de 900 000 hommes de troupe à Alger.

Le 16 juin, le Général est envoyé à Londres pour s'assurer du soutien de la Royal Navy. Sur place, il prend connaissance d'un improbable projet de fusion entre la France et le Royaume-Uni échafaudé par Jean Monnet, le président du Comité franco-anglais de coordination. En désespoir de cause, de Gaulle, qui toute sa vie a fait de la souveraineté de son pays un principe intangible, accepte l'idée de cette

45. Jackson Julian, *De Gaulle*, *op. cit.*, p. 202-203.

« Union franco-britannique » (*Anglo-French Unity*) qui aurait des institutions, une politique, une défense et une nationalité communes. Mais il est trop tard. Le soir même, de retour à Bordeaux où le gouvernement français a pris ses quartiers, de Gaulle apprend que Reynaud a remis sa démission et que Pétain a repris ses pouvoirs. Le lendemain, dans un message radiodiffusé, le Maréchal annonce aux Français, « le cœur serré », qu'il faut cesser le combat.

Aussitôt connue la nouvelle de la capitulation française, Churchill charge le général Spears, l'officier de liaison qui avait accompagné de Gaulle depuis Londres, de ramener en Grande-Bretagne une personnalité française d'envergure pour poursuivre la guerre contre l'Allemagne sous d'autres formes. Seul Charles de Gaulle, flanqué de son ordonnance, Geoffroy Chodron de Courcel, va se porter volontaire.

Avant de reprendre les airs, avec pour seul viatique une mallette contenant 100 000 francs que lui a fait remettre Reynaud et la promesse de passeports diplomatiques pour son épouse et ses enfants, de Gaulle se rend à la Préfecture. Il y croise Jean Mistler, président de la commission des Affaires étrangères, et lui lance : « Les Allemands ont perdu la guerre… Ils sont perdus et la France doit poursuivre le combat[46]. » Les valeurs auxquelles il croit sont en péril ; l'homme d'ordre et de discipline va désobéir, se faire rebelle. Mais chez de Gaulle, il ne faut jamais confondre bravoure et bravade, coup d'éclat et coup de sang. Ainsi, comme l'expliquera son fils, le futur amiral Philippe de Gaulle, malgré les apparences, sa décision de gagner Londres fut mûrement réfléchie.

---

46. Amouroux Henri, *Le 18 juin 1940*, Fayard, 1964, p. 444.

> Il m'a expliqué un soir, à Londres, s'être d'abord livré à un double calcul opérationnel qui lui a démontré que les Allemands n'étaient pas capables d'envahir l'Angleterre parce qu'ils n'avaient pas les moyens de transport maritimes nécessaires pour débarquer assez de troupes dans la première vague, et parce qu'ils n'avaient pas un nombre d'avions suffisant pour gagner la bataille aérienne, malgré leur grande supériorité sur les Anglais[47].

Comme l'écrit Lacouture, ce que récuse de Gaulle en ces heures tragiques, et qu'il récusera toute sa vie, c'est n'est pas seulement la résignation liée à l'effondrement militaire, c'est aussi la désintégration de l'État – « qui, aux yeux de cet historien, ne survivra que s'il redevient le chef-d'œuvre sorti des mains de Philippe le Bel, de Richelieu et du Premier consul, le fruit accompli du nationalisme français, de la pensée classique et de l'esprit Jacobin[48]. »

---

47. De Gaulle Philippe, *De Gaulle, mon père, op. cit.*, p. 214.
48. Lacouture Jean, *De Gaulle, 1. Le rebelle*, *op. cit.*, p. 358.

II

Chef de guerre

Ce 17 juin 1940, en voyant revenir ce général « deux étoiles » sur le sol anglais, les sentiments de Winston Churchill sont mitigés. Le Premier ministre espérait ferrer un plus gros poisson. « Si le Général l'a impressionné, s'il constitue pour lui une carte à jouer, il n'est pas dans son esprit le sauveur, celui qui a vocation à conduire la France résistante[49] », confirme Éric Roussel. Mais l'heure n'est plus aux états d'âme. La bataille de France est perdue, la guerre continue. Au lendemain de l'allocution de Pétain, Churchill ouvre sans hésitation les ondes de la BBC à de Gaulle.

Dans son appel du 18 juin, le Général martèle à trois reprises que « la France n'est pas seule ». « Cette guerre est une guerre mondiale », assène-t-il, la France a un vaste Empire derrière elle, elle peut faire bloc avec l'Empire britannique. Elle peut même « comme l'Angleterre, utiliser sans limites l'immense industrie des États-Unis », s'avance-t-il. Dès le lendemain, il se dévoile : « Devant l'impossibilité de faire jouer nos

49. Roussel Éric, *Charles de Gaulle, op. cit.*, p. 124-125.

institutions, moi, général de Gaulle, soldat et chef français, j'ai conscience de parler au nom de la France[50]. »

Il n'en est pas moins réduit à demander aux militaires français qui se trouveraient dans les Îles britanniques – « avec leurs armes ou sans leurs armes »… – de se mettre en rapport avec lui. Peu le feront, même si près de 200 000 soldats ont été évacués de France en Grande-Bretagne en mai et juin…

De Gaulle espère susciter la création d'un Comité national, mais le projet fait long feu, faute de ralliements. Sous divers motifs, la plupart des personnalités françaises présentes à Londres et bien introduites dans les milieux influents, les Jean Monnet, Alexis Léger (Saint-John Perse, de son nom de plume), André Maurois et autre Paul Morand, vont s'envoler vers d'autres cieux. L'appel du 18 juin ne suscite guère plus de ralliements parmi le personnel d'État présent au pays. « Il y en avait pourtant des hommes politiques, des hauts fonctionnaires, des généraux en 1940 ! Pas un, pas un n'est venu en Angleterre », lâchera de Gaulle avec amertume au crépuscule de sa vie[51]. À la fin de l'été il n'a guère rassemblé plus de 7 000 combattants et quasi aucun officier de haut rang, à l'exception du général d'armée Georges Catroux et du vice-amiral Émile Muselier – avec qui de graves divergences ne tarderont pas à éclater. Ce qui rassemble ces francs-tireurs ? Aucun n'accepte la défaite. « Un refus, voilà le gaullisme d'alors, rien de plus », écrira l'un d'eux, l'ethnologue, futur ministre, puis dissident Jacques Soustelle. Et de préciser que le gaullisme

---

50. De Gaulle Charles, *Discours et messages. Pendant la guerre (juin 1940-janvier 1946)*, Plon, 1970, p. 6.
51. Mauriac Jean, *Mort du général de Gaulle*, Grasset, « Les Cahiers Rouges », 1999, p. 121.

naissant de 1940 n'avait pas le temps ni le goût d'élaborer une doctrine: «Ni système ni parti, c'était un état d'esprit[52].»

L'attaque préventive lancée le 3 juillet par l'amiral Sommerville contre la flotte française amarrée dans la rade de Mers-el-Kébir, près d'Oran, ne facilitera pas la tâche de «recruteur» du Général. L'armistice du 22 juin avait prévu de laisser la Marine nationale sous commandement français en lui imposant une stricte neutralité, Berlin promettant qu'il n'utiliserait pas ces bâtiments à ses propres fins. «Mais quel homme sensé aurait ajouté foi à la parole d'Hitler après toutes les infamies commises et dans la conjoncture du moment?» objectera *a posteriori* Churchill[53]. Le Cabinet de guerre britannique prend donc les «mesures nécessaires» sans consulter de Gaulle. Semblable mise à l'écart, qui s'apparente à une punition par le silence, se répétera à chaque étape cruciale du conflit: lors des opérations *Ironclad* (Madagascar, mai 1942), *Torch* (Afrique du Nord, novembre 1942) et *Overlord* (Normandie, juin 1944) ainsi qu'à la conférence de Yalta, en février 1945.

Au lendemain du drame, qui a coûté la vie à près de 1300 soldats français, le Général se sent blessé au vif. Il confie à Spears qu'il se demande s'il ne ferait pas mieux de s'exiler au Canada, comme simple citoyen[54]. D'autant qu'en France, le régime de Pétain et la presse affidée se déchaînent contre la «perfide Albion» – avec qui la France n'était pas en guerre – et celui qui lui a fait

52. Soustelle Jacques, *Vingt-huit ans de gaullisme*, Éditions de La Table Ronde, 1968, p. 10.
53. Churchill Winston, *Mémoires de guerre, 1919-1941*, *op. cit.*, p. 532.
54. Jackson Julian, *De Gaulle*, *op. cit.*, p. 174.

allégeance. Mais une froide détermination de maintenir ses choix va succéder à l'abattement. Conscient que toute son entreprise repose sur le soutien de Churchill, dont il est entièrement dépendant, de Gaulle prononce le 3 juillet un discours sur les ondes de la BBC dans lequel, non seulement il justifie « l'affreuse canonnade », mais en impute la responsabilité à la France collaboratrice. « En vertu d'un engagement déshonorant, le gouvernement de Bordeaux avait consenti à livrer les navires à la discrétion de l'ennemi », soutient-il au mépris de la vérité. « Il n'y a pas le moindre doute qu'en principe et par nécessité l'ennemi les aurait employés, soit contre l'Angleterre, soit contre notre propre Empire. Eh bien ! Je dis sans ambages qu'il vaut mieux qu'ils aient été détruits[55]. » Le 27 novembre 1942, deux semaines après que la Wehrmacht eut franchi la ligne de démarcation, plutôt que de rallier l'Afrique-Occidentale française comme l'amiral Darlan lui en avait donné l'ordre, l'amiral de Laborde fera saboter la flotte de haute mer en rade de Toulon pour la soustraire à la mainmise allemande. À la radio de Londres, de Gaulle saluera l'acte des marins français qui ont « épargné à la patrie la honte suprême de voir ses vaisseaux devenir des vaisseaux ennemis[56] » mais il ne pourra masquer sa « douleur » et sa « fureur » face à ce gâchis. Maigre consolation, son ennemi Darlan, qui s'était rapproché à reculons des Alliés, en sortira encore plus humilié que lui.

En cet été 1940, quelques éclaircies parviennent tout de même à trouer la grisaille. Les Nouvelles-Hébrides, le Tchad, le Cameroun, le Congo-Brazzaville,

55. Benoist-Méchin Jacques, *Soixante jours qui ébranlèrent l'Occident*, t. 3, Albin Michel, 1956, p. 187.
56. Lacouture Jean, *De Gaulle, 1. Le rebelle, op. cit.*, p. 619.

l'Oubangui-Chari (l'actuelle République centrafricaine), la Polynésie française, les Établissements français de l'Inde et la Nouvelle-Calédonie se désolidarisent du régime de Vichy. Mais surtout, le 27 juin, Churchill a décidé de reconnaître de Gaulle comme « chef de tous les Français libres, où qu'ils se trouvent, qui se rallient à lui pour la défense de la cause alliée ». « Vous êtes tout seul ? Eh bien, je vous reconnais tout seul ! » lui lance le Premier ministre[57]. S'il s'agit d'une étape importante pour ces « hommes partis de rien », selon le beau titre des mémoires du juriste de la France libre, René Cassin[58], cette légitimation demeure fragile. Ainsi, trois mois plus tard, profitant de l'absence de De Gaulle, qui se trouve alors devant Dakar pour tenter d'obtenir le ralliement du gouverneur Boisson, haut-commissaire de l'Afrique française, Churchill propose au général Catroux de prendre la direction de la France libre… L'ancien gouverneur général de l'Indochine française refuse net mais l'affaire laissera des traces. « Il [de Gaulle] a eu raison de se méfier de nous et je le reconnais, écrira le général Spears. La façon dont nous le traitâmes dans les premiers jours engendra et justifia la méfiance dans laquelle il nous tint et empoisonna nos rapports avec lui[59]. » Et de préciser : « J'ai tout supporté de lui parce que je savais quel calvaire il gravissait[60]. »

57. La Gorce Paul-Marie de, *Charles de Gaulle,* Librairie Académique Perrin, 1999, p. 266.
58. Cassin René, *Les hommes partis de rien*, Plon, 1974.
59. Spears Edward, *Deux hommes qui ont sauvé la France,* Presses de la Cité, 1966, p. 27.
60. *Ibid.*, p. 29.

L'équilibriste

Après Mers-el-Kébir et la tentative de subornation de Catroux, le général de Gaulle sait à quoi s'en tenir. Il n'aura désormais de cesse de vouloir s'émanciper de l'état de dépendance dans lequel il se trouve et de quitter Londres. « Si nous voulons remettre la France dans la guerre, si nous voulons représenter dignement les intérêts de notre pays tant vis-à-vis de nos alliés qu'à l'égard des Français de France et de l'étranger qui suivent notre action, il est d'une extrême importance que le siège du gouvernement français qui continue la lutte soit situé sur terre française », explique-t-il le 15 juillet à André Dewavrin, alias le « colonel Passy », chef des services secrets de la France libre nouvellement constitués[61]. Le premier choix de De Gaulle sera Dakar. Mais les gaullistes y sont peu nombreux et l'expédition maritime à laquelle il a participé en personne pour s'emparer de la capitale de l'Afrique-Occidentale français – et, à partir de cette base, rallier l'Empire colonial français à la France libre – s'est soldée par un fiasco, le gouverneur Boisson n'hésitant pas à faire tirer sur la flottille franco-britannique. Cette déconfiture mortifiera de Gaulle, enchantera Pétain, refroidira Churchill et épuisera le maigre crédit dont le Général jouissait auprès du président Roosevelt.

Une nouvelle fois, l'homme du 18 juin va ravaler son amertume et, voix sans visage, reprendre ses exhortations radiophoniques à la mobilisation et à la lutte contre l'ennemi et les traîtres de Vichy. Dans ses harangues, il n'y a qu'envers Pétain qu'il adopte une certaine réserve,

61. Passy Colonel, *Mémoires du chef des services secrets de la France libre,* Odile Jacob, 2000, p. 68.

évoquant d'abord « un très vieux maréchal » puis, après la funeste rencontre de Montoire avec Hitler, « le père de la Défaite ». Plus qu'un élan de tendresse envers son ancien mentor, qui ne lui ressemblerait guère, il a soin de pas ternir davantage l'image de la France à travers l'homme qui, dans le tumulte de la Grande Guerre, a écrit une des pages les plus glorieuses de son histoire.

Le général de Gaulle ne dérogera jamais à cette ligne de conduite. « Si, par malheur, en d'autres temps, dans l'extrême hiver de sa vie et au milieu d'événements excessifs, l'usure de l'âge mena le maréchal Pétain à des défaillances condamnables, la gloire que vingt-cinq ans plus tôt il avait acquise à Verdun, puis gardée en conduisant ensuite l'armée française à la victoire, ne saurait être contestée, ni méconnue par la patrie », lancera-t-il à Verdun le 29 mai 1966[62]. « Le Maréchal, je l'aurais renvoyé chez lui, je l'aurais gracié », précisera-t-il quelques mois avant sa disparition. « Ce que je condamne, c'est ce qu'il a représenté : il a été le symbole d'un peuple qui renonce à se défendre[63]. » Pétain n'a pas fait preuve de la même mansuétude. Le 2 août 1940, il fera en sorte que de Gaulle soit condamné à mort pour trahison par la cour martiale de Clermont-Ferrand alors qu'un mois plus tôt, sept généraux réunis au tribunal de Toulouse ne lui avaient infligé que quatre ans de prison pour avoir appelé des militaires à la désobéissance.

S'il ne s'acharne pas sur Pétain, le proscrit accable en revanche ceux parmi ses anciens supérieurs qui avaient en charge la défense du pays, au premier rang

62. Lacouture Jean, *Citations du président de Gaulle*, Seuil, 1968, p. 165.
63. Mauriac Jean, *Mort du général de Gaulle*, *op. cit.*, p. 127.

desquels le général Weygand, commandant en chef de l'Armée française. « Le Généralissime, emporté par un courant qu'il renonçait à maîtriser, allait chercher l'issue à sa portée, à savoir : la capitulation », écrit-il dans ses *Mémoires*. « Mais, comme il n'entendait pas en assumer la responsabilité, son action consisterait à y entraîner le pouvoir[64]. » C'est donc d'abord l'état-major, et non le gouvernement de cabinet, que dénonce de Gaulle. Ses attaques contre le pouvoir civil restent mesurées. « Certes, les abus du régime parlementaire, devenus intolérables, avaient eu pour conséquence un grave fléchissement de l'autorité dans l'État et dans les administrations. Certes, d'affreux scandales, politiques, judiciaires, policiers, avaient troublé l'opinion. Certes, on avait vu des agitations fâcheuses. Mais de telles moisissures étaient superficielles », lance-t-il dans une allocution prononcée au Kingsway Hall de Londres, le 1er mars 1941[65].

Le chef de la France libre joue une partie délicate. Il doit prendre ses distances avec les reliefs de la IIIe République, dont les députés ont massivement voté les pleins pouvoirs à Pétain, mais sans donner trop de grain à moudre à ceux qui, singulièrement à Washington, ont rayé la France de la carte. Il lui faut par ailleurs affirmer son autorité tout en cassant son image de « fauteur de guerre civile », comme le qualifie Alexis Léger, diplomate français exilé outre-Atlantique qui a l'oreille de Roosevelt[66]. Pour couper court, le 27 mai 1942, le Général déclare devant un parterre de

64. De Gaulle Charles, *Mémoires, op. cit.*, p. 45-46.
65. De Gaulle Charles, *Discours et messages. Pendant la guerre, op. cit.*, p. 77.
66. Barré Jean-Luc, *De Gaulle, une vie*, t. 1, *op. cit.*, p. 645.

journalistes soupçonneux qu'il est « tout à fait résolu à recouvrer intégralement la souveraineté nationale et la forme républicaine du gouvernement[67] ».

Que de Gaulle fut, selon les mots de l'historien Maurice Agulhon, « royaliste de tradition, de culture, de préférence intime, de nostalgie » et que seule sa raison froide lui dicta que « l'intérêt national serait mieux servi par la république acceptée que par une guérilla anti-républicaine, monarchique ou fasciste[68] » est au fond de peu d'importance. Comme le dira plus tard son vieil adversaire François Mitterrand, « l'homme politique s'exprime d'abord par ses actes ; c'est d'eux dont il est comptable[69] ». Sur ce plan, dès que les circonstances le lui permettront, de Gaulle mettra ses actes en accord avec ses promesses de 1942, en convoquant des élections libres et en remettant ses pouvoirs à l'Assemblée nationale.

S'il charge l'état-major du crime de l'armistice – « Le repli sur l'Afrique du Nord aurait abrégé la guerre d'un an. Ce sont les militaires qui ont été coupables. Les civils auraient suivi », martèlera-t-il jusqu'à la fin de sa vie[70] – alors qu'il est pourtant issu du corps des officiers, c'est aussi parce que, dans son esprit, en entrant au gouvernement, il est sorti de la hiérarchie militaire pour devenir une autorité civile.

Ce point est capital. Fort de son maroquin de sous-secrétaire d'État à la Guerre, de Gaulle incarne

---

67. Mauriac François, *De Gaulle*, Grasset, 1964, p. 213.
68. Agulhon Maurice, *De Gaulle. Histoire, symbole, mythe*, Plon, 2000, p. 140.
69. Mitterrand François et Wiesel Elie, *Mémoires à deux voix*, Odile Jacob, 1995, p. 7.
70. Mauriac Jean, *Mort du général de Gaulle, op. cit.*, p. 127.

désormais, à ses yeux, le seul gouvernement démocratique et légitime de la France – celui de Vichy n'ayant plus de bien-fondé depuis qu'il a livré le pays et les troupes à l'ennemi. C'est à ce titre qu'il a lancé l'appel du 18 juin et reconstitué un pouvoir civil – à qui incombe, comme il l'avait écrit dans *La Discorde chez l'ennemi*, la conduite politique de la guerre et la décision d'y mettre fin ou de la poursuivre[71]. En somme, jusqu'alors, la politique n'avait été qu'un à-côté de ses devoirs de soldat. Il va désormais exciper de son « changement de catégorie » pour commander des généraux « cinq étoiles », comme Catroux par exemple, alors que dans l'ordre militaire il n'était que général de brigade. C'est également la raison du ralliement de certaines personnalités politiques comme André Philip, par exemple, ancien député socialiste du Rhône. En juillet 1942, aux journalistes britanniques venus le questionner sur celui auquel il venait de faire allégeance, ce dernier lancera : « Le général de Gaulle, je m'en fiche. Je viens rejoindre le sous-secrétaire d'État à la Guerre du dernier gouvernement libre, donc légitime, de la IIIe République[72]. »

Seul contre tous

Le 28 juin 1940, le gouvernement britannique avait désigné le général de Gaulle « chef de tous les Français libres » ; dix jours plus tard, cette reconnaissance officielle sera complétée par un protocole portant création de Forces françaises libres (FFL), constituées de volontaires et placées sous son commandement. « Mon général, nous ne sommes évidemment pas une Légion ; sommes-nous

71. De Gaulle Charles, *La Discorde chez l'ennemi*, *op. cit.*, p. 29.
72. Lacouture Jean, *De Gaulle, 1. Le rebelle*, *op. cit.*, p. 588.

l'armée française ? » demande René Cassin, le rédacteur des statuts de la France libre. « Nous sommes la France[73]. » Les FFL constitueront donc une armée régulière, qui s'illustrera bientôt lors de la campagne de Syrie et à Bir Hakeim, aux côtés des troupes britanniques. Pas question de rester au balcon : « Puisqu'après tant d'abandons le pays, pour se relever, devait partir du fond du gouffre, rien ne pouvait être fait que par l'effort de ses combattants[74]. »

Le 27 octobre, prenant acte qu'« il n'existe plus de Gouvernement proprement français », que « l'organisme sis à Vichy et qui prétend porter ce nom » est « inconstitutionnel et soumis à l'envahisseur[75] », il annonce depuis Brazzaville, capitale de l'Afrique-Équatoriale française, la création du Conseil de défense de l'Empire, en tant qu'organe de décision de la France libre. Le Royaume-Uni le reconnaîtra formellement le 6 janvier de l'année suivante.

De Gaulle n'est plus « Charles-le-Seul » ni « Charles-sans-Terre » mais « Charles-le-Conquérant » et c'est en monarque qu'il gouverne, identifiant le pays à sa personne, comme naguère les rois de France. Le Manifeste de Brazzaville stipule au reste qu'il exerce ses pouvoirs « au nom de la France » et que le Conseil de défense de l'Empire n'est là que pour « l'assister » dans sa tâche[76]. En vérité, le Général supporte mal la contradiction. L'amiral Muselier, le juriste René Cassin, secrétaire permanent du Conseil de défense de l'Empire,

---

73. Malraux André, *Le Miroir des limbes, op. cit.*, p. 721.
74. De Gaulle Charles, *Mémoires*, *op. cit.*, p. 536.
75. De Gaulle Charles, « Manifeste de Brazzaville, 27 octobre 1940 », site de la Fondation Charles de Gaulle.
76. *Ibid.*

ou l'ingénieur André Labarthe, directeur du service de l'armement, ne tarderont pas à tomber en disgrâce, accusés d'être trop proches des Anglo-Saxons pour les deux premiers, des Soviétiques pour le troisième.

De Gaulle ne se prive par ailleurs pas de tancer le Premier ministre britannique pour sa politique jugée trop accommodante vis-à-vis de Vichy – Churchill entretenant toujours l'espoir que la France, ou au moins l'Afrique du Nord, rejoigne le camp des Alliés – et trop intrusive dans les territoires de l'Empire français.

Le Général a beau avoir pris, à Brazzaville, l'« engagement solennel » de rendre compte de ses actes aux représentants du peuple français « dès qu'il lui aura été possible d'en désigner librement[77] », son autoritarisme dérange. Pressé par Roosevelt – alerté par d'influents Français d'Amérique – Churchill va manœuvrer pour tenter de diluer son pouvoir ou à tout le moins « en faire un monarque constitutionnel », comme le dira François Kersaudy[78]. Le plan est qu'il préside dorénavant un « Cabinet de guerre » pluraliste, sur le modèle de celui mis en place à Londres aux premières heures du conflit, et non une simple chambre d'entérinement. De Gaulle accédera de mauvaise grâce à la requête : en septembre 1941, le Comité national français succédera au Conseil de défense de l'Empire. Composée de six civils et de six militaires, mais expurgée de « dissidents » comme Muselier ou Labarthe, cette instance tiendra lieu de gouvernement en exil jusqu'à la veille du débarquement de Normandie. Les manœuvres diplomatiques entreprises auprès de Moscou au lendemain du

77. *Ibid.*

78. Kesaudy François, *De Gaulle et Churchill. La mésentente cordiale*, Perrin, 2001, p. 165.

déclenchement de la guerre germano-soviétique sont un autre sujet d'irritation. Ne négligeant aucune chance de succès pour la France libre, de Gaulle souhaite que s'établisse un contact direct avec Moscou, sans plus en référer à Londres.

Début 1942, les relations avec Churchill vont virer à l'orage. Le « *casus belli* » sera la nomination par le gouvernement britannique, sans l'agrément de De Gaulle, du général Spears comme envoyé extraordinaire et ministre plénipotentiaire à Beyrouth et à Damas. La France exerçait un mandat de la Société des Nations sur le Liban et la Syrie depuis 1920 et à l'été 1941, les FFL avaient payé un lourd tribut à la prise de ces territoires restés fidèles à Vichy. À l'issue de ces combats fratricides, de Gaulle considère plus que jamais que la France, c'est-à-dire la France libre, dispose de toutes les prérogatives au Levant. Or Spears mène là-bas une politique personnelle qui met le Général en fureur. Sa rancune sera tenace : en avril 1960, lors de son voyage officiel de trois jours en Grande-Bretagne, il refusa de rencontrer celui qui lui avait pourtant permis de rejoindre Londres le 17 juin 1940.

La tension monte encore d'un cran aux premiers jours de mai lorsqu'une puissante escadre britannique s'empare de Madagascar, colonie française depuis 1896, demeurée elle aussi dans le giron de Vichy. Londres et Washington redoutaient que les Japonais ne s'emparent de ce point stratégique entre l'Afrique et le sous-continent indien ; de Gaulle partageait cette crainte mais plaidait, comme au Levant l'été précédent, pour une intervention franco-britannique… Il apprendra l'opération *Ironclad* par une agence de presse. Les Français libres ne seront autorisés à débarquer dans l'île qu'en janvier 1943 et le contrôle par les

Britanniques des points stratégiques de ce territoire français demeurera une vive source de dissentiment.

Dans ses *Mémoires de guerre*, de Gaulle justifiera son intransigeance par le malheur des temps, le moindre fléchissement ayant, à le lire, entraîné l'effondrement[79]. « Cet homme paraît dur, ce qui ne signifie pas qu'il le soit », dira toutefois François Mauriac. « Plutôt que dur, lointain, il regarde par-dessus nos têtes[80]. » Rigidité ou hauteur de vue, la gratitude initiale du Général pour ce que Churchill a fait pour lui n'en tourne pas moins à la rancœur. Il va jusqu'à l'accuser d'avoir trop tardé à entrer pleinement dans la guerre – « La Grande-Bretagne a été en grande partie responsable de notre débâcle, car elle nous a laissés seuls en première ligne[81] » – ou de se mettre « à la remorque des États-Unis alors que jamais un soldat américain n'a encore vu un soldat allemand[82] ».

De Gaulle n'ignore pas que le salut de la Grande-Bretagne dépend de l'aide militaire et financière américaine et que celle-ci est presque entièrement tributaire du président Roosevelt, qui doit louvoyer face à une opinion publique et un Congrès neutralistes. Ses accès de colère visent donc également Roosevelt, par ricochet. Après la capitulation, les États-Unis ont non seulement maintenu leurs relations diplomatiques avec Vichy mais, afin d'arrimer la France non occupée et son Empire, le diplomate Robert Murphy, représentant personnel de Roosevelt à Alger, a reçu mission de négocier une aide

79. De Gaulle Charles, *Mémoires*, *op. cit.*, p. 72.
80. Mauriac François, *De Gaulle*, *op. cit.*, p. 69.
81. De Gaulle Philippe, *De Gaulle, mon père*, *op. cit.*, p. 231.
82. Kersaudy François, *Le monde selon de Gaulle*, t. 1, Tallandier, 2018, p. 197.

économique américaine avec le général Weygand, délégué général de Vichy en Afrique française.

Mais il y a de Gaulle… Weygand, qui le déteste, convainc Murphy que la rupture du Général avec Pétain et la part qu'il prit ensuite aux actions à Dakar, en Syrie et à Madagascar ont incité les officiers restés loyaux envers le gouvernement de Vichy, même les plus hostiles à l'Allemagne, à rejeter son autorité. « Cet argument était souligné par Murphy et Roosevelt, qui n'avait aucune confiance dans le jugement de De Gaulle et ne pouvait supporter son arrogance, s'y rallia bien volontiers », précise l'historien militaire britannique Basil H. Liddell Hart[83].

À la Noël 1941, de Gaulle va se faire un autre redoutable ennemi à Washington, en la personne du secrétaire d'État Cordell Hull. Le 24 décembre, il passe outre son veto et ordonne à l'amiral Muselier de s'emparer de Saint-Pierre-et-Miquelon. Le détachement de fusiliers marins français est accueilli avec enthousiasme, et, lors d'un plébiscite organisé dans la foulée, la population se prononce à 90 % en faveur du ralliement à la France libre[84]. Mais malgré leur entrée en guerre deux semaines plus tôt, les États-Unis ont pris soin de maintenir le *statu quo* avec Vichy. Ce coup de main peut tout faire capoter. De Gaulle sera paradoxalement sauvé par la presse américaine, qui applaudit l'opération, fustige la politique vichyste de l'administration Roosevelt et tourne Hull en ridicule. Mais pour Washington, le Général est devenu une nuisance, dont il va falloir s'occuper…

---

83. Sir Liddell Hart Basil H., *Histoire de la Seconde Guerre mondiale*, Librairie Arthème Fayard, 1973, p. 324.

84. Kersaudy François, *De Gaulle et Roosevelt. Le duel au sommet*, Perrin, 2004, p. 103.

Sa personnalité ne fait pas l'unanimité non plus parmi les Français de Londres. À l'instar de Muselier, qui ne décolère pas d'avoir été joué à Saint-Pierre-et-Miquelon, d'aucuns dénoncent son égoïsme et son mépris pour les hommes. Un mauvais procès selon Romain Gary, qui rapporte une anecdote qui en dit long sur le tempérament de l'homme du 18 juin. Arrivé à Londres dès 1940, l'écrivain-aviateur demanda au Général l'autorisation de se joindre à la Royal Air Force au lieu d'attendre la formation des escadrilles françaises. « Vous voulez partir vous battre ? Partez », répondit de Gaulle d'un ton sec, « et surtout n'oubliez pas de vous faire tuer ». « C'était évidemment très dur et assez vache mais le Général était un homme [...] de cœur, de grande délicatesse et de beaucoup de tact, mais cela lui avait échappé dans un moment d'irritation », raconte Gary. « Il avait voulu se rattraper, mais comme ce n'était pas un homme qui s'excusait, je venais d'atteindre la porte [...] lorsque j'entends le Général me lancer : "D'ailleurs, il ne vous arrivera rien, il n'y a que les meilleurs qui se font tuer." Tout en me souhaitant bonne chance, il m'assommait une deuxième fois en me disant que je ne pouvais pas me qualifier parmi les meilleurs[85]. » L'avis de Murphy et Roosevelt, selon lequel son attitude intransigeante complique le regroupement des forces françaises en vue de la libération, est cependant partagé par un Raymond Aron, qui a, lui aussi, rejoint Londres dès l'été 1940, et est devenu rédacteur à la revue *La France libre*. Le sociologue déplore la « guerre civile » entre Vichy et de Gaulle. Il expliquera plus tard :

85. Gary Romain, *Le sens de ma vie. Entretien*, Gallimard, 2014, p. 45-46.

> Je souhaitais que la propagande ne fût pas telle que les fonctionnaires et surtout les militaires fussent atteints dans leur honneur. Or, elle donnait le sentiment aux soldats, aux officiers qui étaient de l'autre côté, qu'ils étaient coupables, d'où la difficulté pour eux de se rallier au général de Gaulle.

Mais d'ajouter aussitôt:

> J'avais tort. Les Français, certains d'entre eux, étant ce qu'ils sont, la guerre étant ce qu'elle est, on ne pouvait être que dans l'extrême. [...] Ce que je souhaitais pourtant, c'était ce que la majorité des Français pensait. Ils pensaient qu'au fond, le maréchal Pétain et le général de Gaulle avaient les mêmes objectifs et que leur querelle n'était pas inexpiable[86].

Sa méfiance vis-à-vis de De Gaulle n'en était pas moins réelle. Dans ses Mémoires, Daniel Cordier, le secrétaire de Jean Moulin, révèle qu'en juillet 1942, Raymond Aron lui glissa: «Puisque vous retournez en France, je vous demande un service pour la liberté: dites aux résistants qu'à la Libération, ils devront s'opposer par tous les moyens aux ambitions du Général. Sinon, ce sera la catastrophe pour la France[87].» Mise en garde superflue: la plupart des maquis sont d'ores et déjà sur la défensive. Jean Moulin, qui a fait allégeance à de Gaulle début 1942, éprouve de fortes difficultés pour unir la Résistance intérieure et la rallier à celle de Londres, comme le Général l'en a chargé. Pour vaincre les réticences à son endroit, ce dernier va publier, sous forme d'un tract, qui sera diffusé dans l'Hexagone par les journaux clandestins, une déclaration solennelle

86. Aron Raymond, *Le spectateur engagé*, Julliard, 1981, p. 86.
87. Cordier Daniel, *Alias Caracalla* (2009), Folio, 2011, p. 377.

par laquelle il promet de rétablir les libertés intérieures et s'engage, une fois l'ennemi chassé du territoire, à ce que « tous les hommes et toutes les femmes de chez nous élisent l'Assemblée nationale qui décidera souverainement des destinées du pays[88] ». Cette profession de foi aura son importance pour la suite des événements.

En février 1943, lorsque Jean Moulin revient à Londres pour rendre compte de sa mission, il trouve le général de Gaulle démoralisé par l'ostracisme dont il est victime de la part des Américains, qui déroulent le tapis rouge au général Giraud. Mais Moulin lui explique qu'au pays, la situation a changé, qu'il possède désormais dans son jeu une carte dont jamais Giraud ne disposera : le soutien de la Résistance intérieure. « C'est ainsi qu'en mai 43, naîtra le Conseil national de la Résistance, pour unir les forces de l'intérieur mais surtout ne reconnaître qu'une seule autorité : celle du général de Gaulle », explique l'historien Fabrice Grenard, un des biographes de Jean Moulin. « Ce fut une façon de remettre de Gaulle en selle dans la crise qui l'oppose à Giraud[89]. »

Pas de compromis

Henri Giraud, un général cinq étoiles, téméraire mais peu porté sur la chose politique, avait pris la tête du commandement civil et militaire d'Alger après l'assassinat de l'amiral Darlan, la veille de Noël 1942. Arrivé en Afrique du Nord à bord d'un sous-marin

---

88. *Tract « Nous voulons »*, printemps 1942, Musée de la Résistance en ligne.
89. Bourton William, « Fabrice Grenard : "Jean Moulin est un héros oublié" », *Le Soir*, 8-9 juillet 2023, p. 16.

allié dans la foulée de l'opération *Torch*, il est tenu par de Gaulle pour l'homme des Américains, doublé d'un Vichyste mal retourné – il ne renoncera officiellement à la « révolution nationale » pétainiste qu'en mars 1943[90]. De son côté, Giraud oppose à son détracteur son autorité civile et militaire sur l'Algérie, le Maroc, la Tunisie et l'Afrique-Occidentale française, soit les territoires les plus importants de l'Empire, mais aussi sa supériorité de grade – Giraud raisonne en soldat, et l'organisation militaire subordonne le général de brigade au général d'armée. En janvier 1943, Churchill devra menacer de Gaulle de rompre définitivement avec lui pour qu'il consente à rencontrer son rival en marge de la conférence de Casablanca, que Roosevelt rehausse de sa présence. « C'est un réfugié et si nous l'abandonnons il est fini. Eh bien, regardez-le. On dirait Staline, avec deux cents divisions derrière lui ! » lancera le Premier ministre au terme de cette nouvelle entrevue orageuse[91]. Pour les Alliés, il est d'extrême importance que les deux généraux se coalisent : pour ne pas laisser le champ libre à l'homme du 18 juin mais surtout pour unifier l'effort de guerre français et préparer la Libération. Giraud et de Gaulle finiront par échanger une poignée de main pour la galerie devant un Premier ministre britannique et un président américain visiblement ravis. Mais ce cliché de propagande ne trompera personne.

De Gaulle est de méchante humeur. En novembre 1942 déjà, lorsqu'il avait appris que l'Armée française d'Afrique opposait une résistance tenace à l'invasion anglo-américaine du Maroc et de l'Algérie, il s'était

---

90. Paxton Robert O. , *La France de Vichy 1940-1944*, Seuil, 1973, p. 270.

91. Keegan John, *Winston Churchill: A Life*, Penguin, 2007, p. 158.

écrié : « Eh bien ! J'espère que les gens de Vichy vont les flanquer à la mer. On ne pénètre pas en France par effraction[92]. » Dans son chef, il ne s'agit pas seulement d'une question de principe : c'est le sort de la France d'après-guerre qui se joue. Ses craintes sont fondées. Ainsi, le secrétaire britannique aux Affaires étrangères, Anthony Eden, rapportera que lors du sommet américano-britannique du 15 mars 1943 à Washington, Roosevelt évoqua l'idée de créer à la libération un nouvel État baptisé « Lotharingia », puis « Wallonia », formé par la réunion de la Wallonie, du Luxembourg, de l'Alsace-Lorraine et d'une partie du nord de la France. Churchill « versa de l'eau froide sur ce feu et le Président n'a plus reparlé de cette affaire », précise Eden[93]. Il s'agit donc d'agir vite.

Le 3 juin 1943, après d'âpres négociations, le Général accepte le principe d'une fusion du Comité français de Libération nationale et du Commandement en chef français civil et militaire. Le Comité français de Libération nationale est né, avec une direction bicéphale à sa tête. Mais de Gaulle n'escompte pas partager le pouvoir, et assurément pas avec l'homme lige de Roosevelt… Avant la fin de l'année, à la faveur de nombreux ralliements en sa faveur et de quelques initiatives malheureuses de son rival, il sera le seul chef du CFLN.

L'indocilité et les manœuvres du Général exaspèrent Roosevelt. Le 21 mai, après une énième remontrance américaine, Churchill enjoint depuis Washington à son vice-Premier ministre et au secrétaire aux Affaires étrangères « d'examiner d'urgence »

---

92. Kersaudy François, *Le monde selon de Gaulle*, t. 1, *op. cit.*, p. 178.
93. Eden Anthony, *L'épreuve de force*, Plon, 1965, p. 376.

la question de l'élimination de De Gaulle « en tant que force politique[94] ». Mais Clement Attlee et Anthony Eden coupent court : la France combattante représente 80 000 hommes stationnés en divers points du monde. « Une rupture brutale avec de Gaulle entraînerait de lourdes conséquences dans un certain nombre de domaines auxquels les Américains n'ont sans doute même pas songé », signalent-ils par retour de télégramme[95].

Faute d'avoir réussi à se débarrasser de De Gaulle, Roosevelt entend, *a minima*, que Giraud conserve le contrôle des forces armées françaises. Il charge le général Eisenhower, commandant du débarquement allié en Afrique du Nord, de faire passer le message. Le 19 juin, de Gaulle se présente en grand uniforme à son QG de l'hôtel Saint-Georges, sur les hauteurs d'Alger. « L'organisation du commandement français est du ressort du gouvernement français, non point du vôtre ! » tempête-t-il. « Vous qui êtes militaire, croyez-vous que l'autorité d'un chef puisse subsister si elle repose sur la faveur d'une puissance étrangère ? » De Gaulle concède que son interlocuteur se trouve en position de force, dans la mesure où son pays équipe les troupes françaises, mais il lui rappelle qu'en 1918, la France avait elle aussi mis ses canons, ses chars et ses avions à disposition du corps expéditionnaire américain. « Avons-nous en contrepartie exigé des États-Unis la désignation de tel ou tel chef ou l'institution d'un système politique déterminé ? » lui lance-t-il[96].

---

94. Kersaudy François, *Churchill et de Gaulle*, Perrin, 2001, p. 285.
95. *Ibid.*, p. 298.
96. Ambrose Stephen E. , *Eisenhower*, Flammarion, 1986, p. 110.

Une fois de plus, les oukases de Roosevelt resteront donc lettre morte, mais sa rancœur ne finira qu'avec lui. Jusqu'à sa mort, le 12 avril 1945, il considéra le Général comme « un Français fanatique à l'esprit étroit, dévoré d'ambition et ayant de la démocratie une conception plutôt suspecte[97] ». Pour sa part, en 1961, de Gaulle confiera simplement au président Kennedy : « Je me disputais violemment avec Churchill mais nous nous sommes toujours bien entendus. Avec Roosevelt, je ne me suis jamais disputé mais nous ne nous entendions pas[98]. »

Roosevelt en sera réduit à placer de Gaulle « en quarantaine ». À l'automne 1943, il est tenu à l'écart de l'armistice signé par les Alliés avec l'Italie, alors que les armées de Mussolini avaient pourtant occupé militairement onze départements français du Sud-Est et la Corse jusqu'à la fin de l'été. Début décembre, il ne sera pas associé à la conférence de Téhéran, au cours de laquelle les chefs d'État américain, britannique et soviétique arrêteront le principe d'un débarquement en France au printemps suivant. De Gaulle sera mis devant le fait accompli trois jours seulement avant le *D-Day*. Toute sa vie, il refusera de participer aux commémorations de l'événement. « Le débarquement du 6 juin, ç'a été l'affaire des Anglo-Saxons, d'où la France a été exclue », se justifiera-t-il face à Peyrefitte. « Ils étaient bien décidés à s'installer en France comme en territoire ennemi ! Comme ils venaient de le faire en Italie et comme ils s'apprêtaient à le faire en Allemagne[99] ! »

97. Kersaudy François, *De Gaulle et Roosevelt, op. cit.*, p. 412.
98. Sorensen Theodore C. , *Kennedy*, Gallimard, 1966, p. 399.
99. Peyrefitte Alain, *C'était de Gaulle, op. cit.*, p. 675.

Washington a-t-il eu l'intention, comme on l'entend souvent, d'installer un gouvernement militaire d'occupation, en France ? L'historien Olivier Wieviorka parle d'une « légende tenace » et en veut pour preuve les dénégations du secrétaire d'État Cordell Hull et le fait que le régime de « l'AMGOT » (*Allied Military Government of Occupied Territories*) n'a pas été appliqué en Corse, libérée à l'automne 1943[100]. Ce qui est avéré en revanche, c'est que les États-Unis ont émis des billets de banque libellés en francs. La mise en circulation de cette « fausse monnaie » – *dixit* de Gaulle[101] – restera marginale mais la mesure est lourde de sens : le droit de « battre monnaie » est un pouvoir régalien, c'est-à-dire exclusivement réservé à celui qui dirige un État. Roosevelt finira par s'en remettre à Eisenhower, grand ordonnateur du débarquement de Normandie, quant à la meilleure façon d'administrer les territoires français reconquis. Pas question cependant de lâcher la bride au Général. « Je suis tout à fait d'accord pour que de Gaulle soit président, empereur, roi ou n'importe quoi d'autre, pour autant que la décision vienne du peuple français librement et sans contraintes[102] », écrit le président à son Général en chef.

Après avoir traversé tant d'épreuves, et alors qu'il touche enfin au but, de Gaulle est pour sa part moins disposé que jamais à mettre de l'eau dans son vin. Il menace de rester à Alger plutôt que d'assister à la « mise en scène » organisée à Londres par Churchill en vue du débarquement. Mis en minorité sur ce point au sein

100. Wieviorka Olivier, *Une histoire de la résistance en Europe occidentale*, Perrin 2017, p. 322.
101. Kersaudy François, *De Gaulle et Roosevelt*, *op. cit.*, p. 405.
102. Kaspi André, *Franklin Roosevelt*, Fayard, 1988, p. 533.

du CFLN, il envisage de démissionner avant de se raviser et d'accepter, le 5 juin, de rejoindre la capitale britannique[103] mais il se montre draconien. Comme Eisenhower le narre dans ses Mémoires de guerre, il exige d'être « nettement et définitivement » reconnu comme chef de la France et insiste sur le fait « qu'il avait seul le droit de donner des ordres à la population française en ce qui concernait le soutien nécessaire à apporter aux forces alliées[104] ». Quels que soient ses sentiments personnels à l'égard de son homologue français, l'officier américain ne peut accéder à cette requête : « Le président Roosevelt s'opposait carrément à ce qu'on accorde à de Gaulle une reconnaissance aussi nette et d'un caractère aussi particulier[105]. »

Une fois de plus, Churchill se retrouve en porte-à-faux. Il n'est pas en position de pouvoir réprouver Roosevelt mais il doit s'assurer le concours de De Gaulle pour mobiliser la Résistance, sur laquelle les Alliés comptent pour ralentir la progression des renforts allemands. Il lui propose dès lors de signer un accord franco-britannique, en échange de quoi il ira plaider sa cause à la Maison Blanche. « Pourquoi semblez-vous croire que j'aie à poser devant Roosevelt ma candidature pour le pouvoir en France ? » lui rétorque le Général. « Le gouvernement de la France existe. Je n'ai rien à demander dans ce domaine aux États-Unis, non plus qu'à la Grande-Bretagne[106]. » De Gaulle reste impassible

---

103. Muracciole Jean-François, *Quand de Gaulle libère Paris. Juin-août 1944*, Odile Jacob, 2024, p. 12-13.
104. Eisenhower Dwight D. , *Croisade en Europe*, Robert Laffont, 1949, p. 296-297.
105. *Ibid.*, p. 297.
106. De Gaulle Charles, *Mémoires*, *op. cit.*, p. 487.

dans la tempête. Il sait qu'il a l'opinion publique et la presse britanniques, la Chambre des Communes et une partie du Cabinet de guerre avec lui. « C'est aux Français de s'arranger avec de Gaulle[107] », estime ainsi Eden.

Au soir du 6 juin, le Général accepte de lancer, à la radio de Londres, un appel aux « fils de France, où qu'ils soient, quels qu'ils soient » à « combattre l'ennemi par tous les moyens dont ils disposent ». Mais il leur enjoint de suivre exactement « les consignes données par le gouvernement français et par les chefs français qu'il a qualifiés pour le faire[108] ». Pas un mot sur les Britanniques, ni sur les Américains : « C'est la bataille de France et c'est la bataille de la France »…

Au matin du 14 juin, de Gaulle traverse enfin la Manche sur le contre-torpilleur *La Combattante* avec une dizaine de fidèles et foule le sol de France pour la première fois depuis quatre ans, entre Courseulles-sur-Mer et Sainte-Mère-Église. Il ne respirera librement qu'après l'accueil triomphal reçu de la population de Bayeux et l'installation dans ses fonctions d'un premier commissaire de la République, représentant du gouvernement provisoire. Lorsqu'il regagne Londres, une invitation à la Maison Blanche l'attend.

Le 6 juillet 1944, l'arrivée du train de De Gaulle en gare de Washington n'est saluée que par dix-huit coups de canon, la salve de vingt-deux coups étant réservée aux chefs d'État. Le Français devra attendre le 23 octobre pour que Roosevelt le reconnaisse enfin comme tel. N'importe, cette seconde rencontre est marquée du sceau de l'urbanité… même si en privé,

107. Eden Anthony, *L'épreuve de force, op. cit.*, p. 462.
108. *Ibid.*, p. 490.

le président américain n'abandonne pas le terrain de la controverse. Un anonyme fera ainsi parvenir à de Gaulle copie d'une lettre que son hôte adressa après son départ à un membre du Congrès. Roosevelt y explique que de Gaulle est très susceptible en ce qui concerne l'honneur de la France, puis précise : « Mais je pense qu'il est essentiellement égoïste ». « Je ne saurai jamais si Franklin Roosevelt a pensé que, dans les affaires concernant la France, Charles de Gaulle était égoïste pour la France ou bien pour lui[109] », commentera l'intéressé dans ses mémoires, avec une pointe de regret. Après son célèbre discours à l'hôtel de ville de Paris, le 25 août, cette accusation d'égoïsme – et d'ingratitude – montera à d'autres lèvres.

> Paris ! Paris outragé ! Paris brisé ! Paris martyrisé ! Mais Paris libéré ! Libéré par lui-même, libéré par son peuple avec le concours des armées de la France, avec l'appui et le concours de la France tout entière, de la France qui se bat, de la seule France, de la vraie France, de la France éternelle[110].

Comme lors de l'adresse du 6 juin, pas un mot pour les Alliés ! Pour de Gaulle comme pour Renan, la stabilisation d'une identité nationale requiert une certaine dose d'oubli sélectif et même d'erreur historique assumée[111]. « De Gaulle a sauvé l'honneur de la France mais c'était une illusion, et il le savait »,

109. De Gaulle Charles, *Mémoires*, *op. cit.*, p. 504.
110. Roussel Éric, *Charles de Gaulle, op. cit.*, p. 450.
111. Renan Ernest, *Qu'est-ce qu'une nation ?*, Presses Pocket, 1993, p. 41.

opine Julian Jackson. « Mais quelquefois, les illusions comptent dans l'Histoire[112] ! »

L'étrange victoire

S'il restera dans l'Histoire comme l'homme qui poussa la France dans le camp des vainqueurs malgré sa défaite humiliante de 1940 et les années noires qui suivirent, sur le plan intérieur, le général de Gaulle va réussir un autre tour de force : mettre le Parti communiste sous l'éteignoir.

À la Libération, les communistes sont solidement implantés dans de nombreuses grandes villes françaises, jusqu'à la mairie de Paris, et ils tiennent presque tout le Sud-Ouest. Ils occupent par ailleurs une place prépondérante au sein du Comité d'action militaire du Conseil national de la Résistance. « Le PC se préparait à prendre la France en main[113] », écrira sans ambages Jacques Soustelle, à l'époque directeur général des Services spéciaux. Une fois encore, de Gaulle va devoir jouer une partie serrée. Il commence par faire entrer deux ministres communistes dans le premier gouvernement provisoire, qu'il forme le 31 août. Il intègre ensuite les Forces françaises de l'intérieur dans les rangs de la 1re armée française puis, le 28 octobre, il dissout par décret les milices patriotiques qui quadrillent le territoire. Comme le rapporte dans ses mémoires Valentin Berezhkov, l'interprète personnel de Joseph Staline, Maurice Thorez, le secrétaire général du PC, réfugié en URSS depuis 1939, vient alors

112. Bourton William, « Julian Jackson : "Il y a beaucoup de nostalgie vis-à-vis de De Gaulle" », *Le Soir*, 6 novembre 2020.

113. Soustelle Jacques, *Vingt-huit ans de gaullisme*, *op. cit.*, p. 26.

chercher ses ordres au Kremlin. « De Gaulle exige que les résistants remettent les armes aux autorités. Que faisons-nous ? ». « Cachez vos armes, il se peut que nous ayons besoin de votre aide[114] », lui répond Staline. Mais de Gaulle conserve un coup d'avance : dans la foulée du désarmement des maquisards, il annonce la grâce et le retour au pays de Thorez et, fin novembre, il se fait inviter à Moscou.

Alors que les canons tonnent toujours à l'horizon et qu'Hitler se prépare à lancer sa grande contre-offensive dans les Ardennes belges, de Gaulle va parcourir quelque 4000 kilomètres en avion et en train pour tenter d'amadouer Staline. Au-delà des arrière-pensées domestiques, il revendique pour la France l'occupation de la rive gauche du Rhin. Mais le maître de l'URSS a rendez-vous avec Roosevelt et Churchill deux mois plus tard à Yalta et n'entend trancher ces questions géostratégiques qu'avec eux. En revanche, il souhaite que Paris reconnaisse sur-le-champ le gouvernement polonais pro-communiste installé à Lublin par l'Armée rouge, ce que de Gaulle refuse à son tour d'envisager.

Le 10 décembre 1944, un traité d'alliance et d'assistance militaire et économique sera tout de même ratifié, le manque d'intérêt réciproque pour son contenu ayant fini par faire fondre les difficultés. « Staline n'attachait guère d'importance au traité franco-soviétique qui fut signé à l'occasion de cette visite. Il aimait à dire qu'il regardait toujours la route loin devant », expliquera son successeur, Nikita Khrouchtchev, présent

---

114. Berezhkov Valentin M. , *At Stalin's Side*. Secaucus, Carol Publishing Group, 1994, p. 310.

lors du raout[115]. De Gaulle lui-aussi se projette ; il confiera :

> Mon intention en allant en Moscou n'était pas d'échanger avec Staline une signature sur un bout de papier. Non, ce que je voulais surtout, c'était me rendre compte. Nous les avons pour cent ans sur les bras, ces gens-là[116] !

Alors qu'il trinquait au Kremlin, le Général ne pouvait se douter qu'à Yalta, Staline lancerait devant Roosevelt et Churchill : « Il faut mater les Français, car de cette façon les Allemands comprendront comment vont les choses et se hâteront de capituler ! » ajoutant, sur un ton qui dut réjouir ses hôtes anglo-saxons :

> De Gaulle ne représente qu'une France symbolique, imaginaire, et non pas la France telle qu'elle est... Il continue à se comporter comme s'il était à la tête d'une grande puissance. Pour ma part, je ne lui attache aucune importance[117].

Tout ce qui importe à de Gaulle au retour de son long déplacement, c'est d'avoir été reçu « en audience officielle » par l'autre vainqueur de la guerre, et que cela se sache. « L'accord signé à Moscou aurait peut-être peu d'effets sur la scène internationale et il [de Gaulle] n'a pas obtenu le soutien escompté concernant les revendications françaises sur la rive occidentale du Rhin, mais il n'aurait pu espérer une meilleure police

115. Khrouchtchev Nikita, *Mémoires inédits,* Belfond, 1991, p. 130.
116. Guy Claude, *En écoutant de Gaulle*, Grasset, 1996, p. 141.
117. Gun Nerin E., *Les secrets des archives américaines. Pétain – Laval – De Gaulle*, Albin Michel, 1979, p. 418.

d'assurance au niveau national», confirment Antony Beevor et Artemis Cooper[118]. Les deux historiens britanniques en veulent pour preuve que Thorez – qui croisa de Gaulle quelque part entre Moscou et Paris – n'appela pas les siens aux barricades lors de son grand discours de rentrée au Vél' d'Hiv, exigeant bien au contraire une productivité accrue et l'unité nationale. «Les communistes de la Résistance n'en croyaient pas leurs oreilles, précisent Beevor et Cooper, mais le lendemain, la presse du parti confirma sa position – qui correspondait manifestement à la ligne de Kremlin.»

Ce premier voyage officiel à l'étranger est également un message envoyé à Londres et Washington : le temps de la sujétion et du mépris est révolu. Ainsi, en revenant de Yalta, Roosevelt invitera de Gaulle à Alger pour l'informer de ce qui avait été décidé sans lui ; le Général refusera tout net de s'y rendre.

Mais les louanges seront éphémères et la grande communion nationale qui avait présidé à la libération du territoire va faire long feu. De Gaulle est accusé de tirer la couverture à lui. «La guerre, qui avait continué après la Libération, était devenue le fait des militaires, d'eux seuls ; il n'est question que de De Lattre, de Leclerc, de Kœnig», explique l'historien Marc Ferro. «Déjà en 1944, grande avait été l'amertume des civils de la Résistance intérieure d'avoir été relégués, lors des cérémonies, en queue de cortège[119].» Le 25 août, lorsque Charles de Gaulle descendit les Champs-Élysées au milieu d'une foule en liesse,

118. Beevor Antony & Cooper Artemis, *Paris libéré 1944-1949*, Perrin Tempus, 2004, p. 124.
119. Ferro Marc, *Ils étaient sept hommes en guerre*, Robert Laffont, 2007, p. 297.

Georges Bidault, successeur de Jean Moulin à la tête du Conseil national de la Résistance, fut effectivement prié de marcher un mètre en retrait de l'homme du 18 juin. La politique politicienne reprend par ailleurs ses droits. En recueillant 26 % des suffrages, le parti communiste remporte les élections constituantes du 21 octobre 1945, suivi de près par la SFIO (Section française de l'Internationale ouvrière). La nouvelle Assemblée désigne à l'unanimité de Gaulle comme chef du gouvernement provisoire mais les partis de gauche n'entendent pas lui laisser les coudées franches.

Le 17 novembre, Thorez porte le conflit qui l'oppose à de Gaulle sur la place publique. Le secrétaire général du PC exige l'attribution à un représentant de son parti du ministère de l'Intérieur, ou des Affaires étrangères, ou de la Guerre, et considère le refus du chef du gouvernement provisoire comme un « outrage à la mémoire des 75 000 communistes morts pour la France et pour la liberté[120] ». Le lendemain, le Général prend à son tour les Français à témoin dans un discours radiodiffusé. Il explique qu'il est disposé à associer largement les communistes « à l'œuvre économique et sociale » mais confirme qu'il ne leur confiera « aucun des trois leviers qui commandent la politique étrangère, à savoir la diplomatie qui l'exprime, l'armée qui la soutient, la police qui la couvre[121] ». Pour de Gaulle, le « parti des fusillés » est aussi celui de l'étranger. Comme le note Marc Ferro, son analyse de la menace communiste rejoint celle de l'entourage du nouveau président américain, Harry Truman, « plus attentif que Roosevelt

---

120. Fauvet Jacques, *La IVe République*, Le Livre de Poche, 1971, p. 72.
121. *Ibid.*, p. 73.

aux risques de l'avenir[122] ». Ses relations ne sont guère meilleures avec la SFIO qui tient la paix pour acquise et les dépenses militaires somptuaires. Mais c'est la nature du futur régime qui constitue la pierre d'achoppement la plus importante avec les forces de gauche, comme avec une partie de celles de droite du reste.

Lors du scrutin du 21 octobre, 90 % des Français avaient approuvé par référendum la proposition que la nouvelle Assemblée élue soit constituante. Un groupe de travail s'était mis au travail sans délai, avec pour objectif d'accoucher dans les sept mois d'un projet de nouvelle Charte fondamentale, appelée elle aussi à être approuvée par le peuple. De Gaulle plaide pour un pouvoir exécutif fort, relevant directement du chef de l'État, garant à ses yeux de stabilité et d'autorité, à l'heure où la France s'apprête à devoir relever d'immenses défis – dont le moindre n'est pas la question coloniale, alors que dans plusieurs villes d'Algérie des manifestations réclamant l'indépendance du pays sont matées dans le sang et qu'en Indochine, Hô Chi-Minh s'apprête à proclamer l'indépendance de la République démocratique du Vietnam. Mais la commission de la Constitution – présidée par le socialiste André Philip, qui a pu observer le Général de près à Londres – entend au contraire limiter les prérogatives du futur président de la République et instaurer un régime d'assemblée, dont les institutions resteraient fidèles dans l'esprit à celles de la IIIe République.

Le général de Gaulle n'a plus la main. Faute d'avoir parrainé des candidats lors du scrutin d'octobre, il se trouve dans l'impossibilité de pouvoir peser sur le cours des choses à l'Assemblée nationale. Après une semaine

---

122. Ferro Marc, *Ils étaient sept hommes en guerre*, *op. cit.*, p. 299.

d'intense réflexion au cap d'Antibes, il prend ses résolutions. Le 19 janvier 1946, il convoque le gouvernement au ministère de la Défense, rue Saint-Dominique, et non à l'Hôtel Matignon comme il est de tradition. « À l'heure dite, raconte Jacques Fauvet, le général, pour qui tout acte est chargé de sens et de symbole, arrive en uniforme, comme le jour où en ce même lieu, voilà dix-huit mois, il avait « réinstallé l'État ». Aujourd'hui, il considère sa mission comme terminée, sa tâche comme accomplie : « Le régime exclusif des partis a reparu. Je le réprouve… J'ai donc résolu d'abandonner ma fonction[123]. » Aucun autre remède que la privation de De Gaulle par de Gaulle, philosophera François Mauriac. « Ce serait comique de la part d'un autre, mais avec de Gaulle, c'est ainsi. Je pars et vous me rappellerez pour ne pas mourir, bien que vous me détestiez et que je vous importune au-delà de tout[124]… »

123. Fauvet Jacques, *La IVe République, op. cit.*, p. 78.
124. Mauriac François, *De Gaulle, op. cit.*, p. 171-172.

III

Dans l'opposition

Le 5 juillet 1945, un coup de tonnerre avait retenti sur le Royaume-Uni : malgré son immense prestige personnel, Winston Churchill avait perdu les premières élections générales organisées depuis dix ans. Le peuple britannique aspirait à tourner la page, à changer d'ère. Fâcheux présage pour Charles de Gaulle… Six mois plus tard, le moment de surprise passé, personne ne fera mine de retenir l'homme du 18 juin.

En annonçant sa démission, espérait-il provoquer un électrochoc et être promptement rappelé aux affaires ? Son fils, l'amiral Philippe de Gaulle, a qualifié cette thèse populaire de « sornette » :

> En octobre 1946, il m'a confié : « Cet espoir, c'est peut-être celui de nombre de nos amis, mais ce n'est pas le mien. Me voit-on retourner devant l'Assemblée un bâillon sur la bouche et des menottes aux poignets ? »[125]

---

125. De Gaulle Philippe, *De Gaulle, mon père, op. cit.*, p. 648.

Le 16 juin 1946, après cinq mois de rumination, de Gaulle effectue sa rentrée politique à Bayeux, la ville où, deux ans plus tôt, jour pour jour, il avait renoué avec le peuple de France. Il y précise sa vision politique et institutionnelle de la République nouvelle.

> C'est du chef de l'État, placé au-dessus des partis, élu par un collège qui englobe le Parlement […] que doit procéder le pouvoir exécutif. À lui la mission de nommer les ministres, et d'abord, bien entendu, le Premier, qui devra diriger la politique et le travail du gouvernement ; au chef de l'État la fonction de promulguer les lois et de prendre les décrets […], à lui la tâche de présider les conseils du gouvernement et d'y exercer cette influence de la continuité dont une nation ne se passe pas ; à lui l'attribution de servir d'arbitre au-dessus des contingences politiques[126].

Le PC et la SFIO reprennent aussitôt l'antienne des « ambitions dictatoriales ». Maurice Thorez dénonce un Général « factieux » ; Léon Blum affirme qu'« entre de Gaulle et la démocratie, il existe une incompatibilité d'humeur[127] »… Politiquement, de Gaulle doit reporter ses espoirs sur son seul allié naturel, le Mouvement républicain populaire, d'obédience démocrate-chrétienne. Mais les liens avec Georges Bidault se sont relâchés. Ce dernier a choisi de rester au gouvernement après son départ, rejetant la politique du pire ; après avoir obtenu quelques amendements au projet constitutionnel, il engagera ses électeurs à voter

---

126. De Gaulle Charles, « Le discours de Bayeux (1946) », site de l'Élysée, https://www.elysee.fr/la-presidence/le-discours-de-bayeux-194 (consulté le 15/07/2023).
127. Roussel Éric, *Charles de Gaulle, op. cit.*, p. 535.

« oui » au référendum. De Gaulle rompt alors tout lien avec le MRP.

Le 13 octobre 1946, la nouvelle Constitution est adoptée à une courte majorité (53,2 %). De Gaulle se retire dans sa résidence de la Boisserie, à Colombey-les-Deux-Églises, non sans avoir fait savoir, à toutes fins utiles, qu'il n'était pas candidat à la présidence de la IVe République.

Refaire la France libre

Le Général s'était jusqu'alors refusé à fonder un parti politique. Méditant son échec durant l'hiver 1946-1947, il arrive à la conclusion qu'il devra en passer par là pour espérer peser à nouveau sur le destin de la France. Et il y aspire car, comme il l'avait prophétisé, l'instabilité s'installe avec la IVe République. La politique socioéconomique est une pomme de discorde au sein de la tripartition SFIO-MRP-PC. La question coloniale en est une autre. Les communistes se sont résolument engagés contre la guerre d'Indochine, qui a éclaté en novembre 1946 suite au bombardement de Haïphong par la marine française. Le climat international n'arrange rien : selon la célèbre formule de Churchill, un « rideau de fer » s'est abattu sur le continent européen. Le 4 mai 1947, les ministres communistes sont écartés du gouvernement Ramadier. Une série de grèves d'ampleur nationale éclatent, sur fond d'inflation galopante et de pénuries alimentaires.

De Gaulle est décidé à remonter au front, mais les Français le suivront-ils ? Début 1947, quelques fidèles parcourent l'Hexagone pour sonder les anciens réseaux. Leurs rapports rassérènent le Général. Le pouvoir, lui, s'inquiète. « Il n'y a point de sauveur suprême, ni César ni tribun ! » s'exclame Ramadier le 2 avril[128]. Le lendemain, il se rend discrètement à Colombey-les-Deux-Églises pour annoncer au maître des lieux que le gouvernement a décidé de le priver d'honneurs militaires et d'accès à la radio nationale lors des manifestations n'ayant pas de caractère officiel. Le chef du gouvernement tente au passage de le dissuader de se lancer en politique et, par son action, de « mettre en danger le régime républicain ». « C'est moi qui ai restauré la République. Croyez-vous que je veuille maintenant la renverser ? Rassurez les esprits chagrins : je ne serai pas Boulanger[129] », lui rétorque de Gaulle. Le Rassemblement du peuple français (RPF) est porté sur les fonts baptismaux le 7 avril 1947. De Gaulle n'entend cependant pas se « banaliser » en devenant un simple chef de faction. Il pince la corde sensible de la France libre et, dans cet esprit de rassemblement national, autorise chacun à adhérer au RPF tout en restant membre d'un autre parti, à l'exception de ceux qui se sont compromis avec le régime de Vichy et des communistes.

Ceux-ci n'ont, de toute manière, aucune intention d'embrasser la Croix de Lorraine… Après s'être fait tancer par Moscou pour son « réformisme », le PC français a intégré le Kominform, coalition de neuf partis communistes européens totalement dévoués à l'URSS, et s'est lancé dans une opposition dure. Le chef du RPR en prend acte. « Alors que de Gaulle s'était fixé pour but initial la réforme des institutions, l'anticommunisme devient tout à coup son cheval de bataille », explique Éric Roussel. « Au moment où la guerre froide commence, il choisit le camp de

128. Fauvet Jacques, *La IVe République*, *op. cit.*, p. 140.
129. Kersaudy François, *Le monde selon de Gaulle*, t. 1, *op. cit.*, p. 36.

l'Amérique sans hésitation sinon sans quelques réserves mentales[130]. » L'anticommunisme est communément un marqueur de droite. Pourtant, s'il accueille dans ses rangs quelques anciens sympathisants de l'Action française, à l'instar de Pierre Bénouville ou du colonel Rémy, le RPF compte parmi ses membres fondateurs nombre de personnalités de gauche, telles Jacques Soustelle et André Malraux, des démocrates-chrétiens en rupture de ban avec le MRP, comme Edmond Michelet ou Louis Terrenoire, et des républicains sociaux, dont Michel Debré et Jacques Chaban-Delmas, futurs « barons » du gaullisme. Dénominateur commun de cet étonnant aréopage : de brillants états de service dans la Résistance, l'hostilité à la Constitution de la IVe République et un culte plus ou moins prononcé voué au Général. Comme à Londres, celui-ci exige l'obéissance dans les rangs et concentre tous les pouvoirs entre ses mains. Pour le meilleur et pour le pire… Comme l'écrira Jean Touchard, « le RPF a été sa chose. Sa chose et son échec[131] ».

Le lancement de la formation gaulliste est d'emblée un succès. Après un an, elle compte près de 410 000 membres[132] et aux élections municipales d'octobre 1947, elle conquiert treize des vingt-cinq grandes villes françaises, dont les deux plus importantes, Paris et Marseille. « La vague est levée ; je vous répète qu'elle va grossir et déferler. Je ne peux que plaindre ceux qui ne voudraient pas le comprendre[133] »,

---

130. Roussel Éric, *Charles de Gaulle, op. cit.*, p. 542.
131. Touchard Jean, *Le Gaullisme 1940-1969, op. cit.*, p. 99.
132. Elgey Georgette, *Histoire de la IVe République. Première partie, La République des illusions, 1945-1951*, Paris, Fayard, 1993, p. 491.
133. Touchard Jean, *Le Gaullisme 1940-1969, op. cit.*, p. 101.

lance alors de Gaulle, comme pour s'en convaincre. Car encore faudrait-il pouvoir battre le fer tant qu'il est chaud. Or, le calendrier électoral est défavorable aux gaullistes : les élections législatives ne sont prévues que trois ans et demi plus tard, une éternité en politique. Qui plus est, la « troisième force » au pouvoir multiplie les initiatives fortes : usage des CRS et des militaires pour réprimer les grèves, envoi du contingent pour mettre fin à l'insurrection malgache, vote du statut de l'Algérie en réponse à l'agitation nationaliste, réorganisation politique, économique et militaire via l'adhésion de la France au plan Marshall, à l'Alliance atlantique et à la Communauté européenne du charbon et de l'acier…

Petit à petit, sous l'effet conjugué de ces mesures, la situation matérielle des Français s'améliore tandis que le spectre d'une insurrection communiste téléguidée depuis Moscou s'estompe, Paris s'étant blotti sous le parapluie américain. Lors d'une allocution prononcée à Nîmes le 7 janvier 1951, de Gaulle ne peut que se déclarer en faveur de l'engagement américain pour la défense des libertés en Europe, glissant pour la forme que l'Alliance ne pourra se réaliser que dans le respect de la souveraineté des États[134]. Bref, l'image d'« homme providentiel » que le Général se plaît à entretenir perd de son évidence. Il aurait pu recouvrer « son prestige d'animal des tempêtes[135] » lorsqu'une menace de guerre mondiale surgit de la Corée. En novembre 1950, la crainte avait gagné les meilleurs esprits

134. De Gaulle Charles, « Plaidoyer pour une Europe forte et indépendante », site de l'ina.
135. Lacouture Jean, *De Gaulle*, Seuil, « Le temps qui court », 1965, p. 150.

jusqu'en France. Simone de Beauvoir raconte ainsi que, convaincu que les Russes seraient bientôt à Paris, Camus se préparait à reprendre les armes: «Je ferai ce que j'ai fait pendant l'occupation allemande[136]», lui lança-t-il… Mais le 17 juin 1951, lorsque les Français se rendent aux urnes pour renouveler le Parlement, la fièvre est tombée. Mauvais timing, à nouveau.

Au lendemain des législatives, le tsunami prédit en 1947 s'est mué en vaguelettes. Le RPF ne recueille que 21,7 % des suffrages; il espérait 200 députés, il n'en obtient que 117. De Gaulle n'était pour sa part pas candidat – «Vous me voyez mettre mon chapeau dans ma petite armoire au vestiaire du Palais Bourbon[137]?» se gausse-t-il devant Soustelle… Pas question pour lui de soutenir quelque cabinet de l'extérieur. De toute façon, les députés gaullistes sont mis au ban. Certains d'entre eux vivent mal cet isolement et plus mal encore la discipline de fer que le Général impose à ses troupes. En mars 1952, vingt-sept d'entre eux votent l'investiture d'Antoine Pinay. Les frondeurs sont aussitôt exclus mais les défections se poursuivent. Le mouvement se délite. En janvier 1953, sans tout à fait quitter l'opposition, le groupe RPF vote la confiance au successeur de Pinay, René Mayer; le 23 mai, les mêmes font chuter son cabinet… Mais sont-ils encore «gaullistes»? Trois semaines plus tôt, dans la foulée d'élections municipales catastrophiques, le Général leur a rendu leur liberté puisque, dit-il, «ils ne peuvent se soustraire au manège[138]», et a plongé son

---

136. De Beauvoir Simone, *La Force des choses,* Gallimard, 1963, p. 250.
137. Soustelle Jacques, *Vingt-huit ans de gaullisme, op. cit.*, p. 63.
138. Fauvet Jacques, *La IVe République, op. cit.*, p. 295.

mouvement en hibernation. « Il faut pour remuer ce pays une grande peur ou un grand élan », soupire de Gaulle. « À ce pays très fatigué, très divisé, il manque des tas de choses pour compter sur un grand élan. Lorsqu'il se produit un grand élan, il se fait de grandes choses ou une grande bêtise mais toujours quelque chose de grand[139]. »

La traversée du désert

À en croire le communiqué officiel du RPF, Charles de Gaulle est « joyeux comme un lapin qui s'est délivré d'un collet[140] ». La formule est plaisante mais elle laisse sceptique. Certes, à l'instar de son ancien bienfaiteur Winston Churchill, le Général peut désormais voyager à son gré dans l'Empire, y mesurer toute l'étendue de sa popularité, et se consacrer, à la Boisserie, à la rédaction de son autobiographie. Mais l'homme est sorti meurtri de l'arène politique, et sa morgue est à la hauteur de son amertume. Avec cet illéisme caractéristique, il assène en conclusion du *Salut*, le troisième et dernier tome des *Mémoires de guerre* :

> Avec de Gaulle s'éloignait ce souffle venu des sommets, cet espoir de réussite, cette ambition de la France, qui soutenait l'âme nationale. Chacun, quelle que fût sa tendance, avait, au fond, le sentiment que le Général emportait avec lui quelque chose de primordial, de permanent, de nécessaire,

139. Astoux André, *L'oubli. De Gaulle 1946-1958*, JC Lattès, 1974, p. 363.
140. Terrenoire Louis, *De Gaulle 1947-1954. Pourquoi l'échec? Du RPF à la traversée du désert*, Plon, 1981, p. 201.

qu'il incarnait de par l'Histoire et que le régime des partis ne pouvait pas représenter[141].

Les faits lui donnent raison sur un point : le « régime des partis », avec ses défections, ses intrigues et ses pressions extérieures, a généré une instabilité politique endémique. Cela dit, si les présidents du Conseil défilent à Matignon, la France n'en continue pas moins à fonctionner et son économie à progresser au même rythme que ses voisins. Au cours d'une éclaircie exceptionnelle de huit mois, entre juin 1954 et février 1955, Pierre Mendès France parviendra même à conclure la paix en Indochine, à initier une politique prometteuse de « décolonisation douce » en Tunisie et à faire valoir les intérêts supérieurs de la France en Europe, en rejetant la Communauté européenne de défense.

Fort en peine de critiquer ce bilan sur le fond, de Gaulle ne peut qu'épiloguer sur la forme.

> Comment Mendès pourrait-il, sans de fortes institutions, incarner l'intérêt national ? Or il faut toujours que cet intérêt soit représenté d'une façon ou d'une autre, que ce soit par la continuité ou par le génie d'un homme. Pendant des siècles, ce fut la monarchie, qui disparut d'ailleurs quand elle cessa de le représenter. Puis ce fut Bonaparte, à cause de toute cette gloire qu'il apportait à la France. En 1940, il n'y avait personne, car ce n'était pas ce pauvre Lebrun. Ce fut alors l'effondrement du régime. On alla chercher Pétain, puis peu à peu la France fabriqua de Gaulle[142].

Plaidoyer *pro domo* d'un homme convaincu d'être la France. Mais la France se reconnaît-elle encore en lui ?

---

141. De Gaulle Charles, *Mémoires*, *op. cit.*, p. 872.
142. Terrenoire Louis, *De Gaulle 1947-1954*, *op. cit.*, p. 286.

Fera-t-elle à nouveau appel à lui? Dans ses mauvais jours, il se prend à en douter: la traversée du désert s'éternise et il ne rajeunit pas. Comme il l'a glissé naguère, il faudrait une «grande peur» pour remuer le pays… Elle va venir. D'Algérie.

Le 1er novembre 1954, une trentaine d'attentats visant des intérêts français sont perpétrés simultanément dans les trois départements algériens. Ils sont revendiqués par le Front de libération nationale (FLN) qui, dans la foulée, lance un appel à la population indigène pour libérer le pays et instaurer «l'État algérien souverain, démocratique et social dans le cadre des principes islamiques».

À Paris, la stupeur le dispute à l'humiliation. La défaite militaire de Diên Biên Phu est encore dans tous les esprits. L'Algérie ne doit à aucun prix devenir une nouvelle Indochine. Seize compagnies républicaines de sécurité, bientôt épaulées par des parachutistes, sont dépêchées de l'autre côté de la Méditerranée. Des milliers de nationalistes algériens sont arrêtés sans ménagement et le Mouvement pour le triomphe des libertés démocratiques, dont les fondateurs du FLN sont issus, est dissous par décret. «L'Algérie c'est la France!» lance à l'Assemblée nationale le ministre de l'Intérieur, François Mitterrand. «Préserver le domaine français en Afrique, comme nous le permet le triste règlement de nos affaires en Asie, voilà la volonté du gouvernement[143].» Parallèlement aux opérations de maintien de l'ordre, Mendès France nomme Soustelle gouverneur général de l'Algérie. Ce dernier plaide le maintien des départements algériens dans le cadre

143. Nay Catherine, *Le noir et le rouge, ou l'histoire d'une ambition*, Le Livre de Poche, 1986, p. 297.

français et l'intégration des Algériens musulmans à la citoyenneté française. L'idée fait lentement son chemin mais en août 1955, une série de massacres commis par le FLN dans le Constantinois sonne le glas des efforts de « pacification ». La répression des autorités françaises et des « pieds-noirs » constitués en milices est violente, entraînant de nouvelles exactions des indépendantistes en retour.

De Gaulle suit les événements de près mais refuse de les commenter publiquement. « Tant qu'il était dans l'opposition, il n'a jamais dit qu'il fallait décoloniser », observe Raymond Aron. « En 1950, il protestait contre une quelconque négociation avec Hô Chi-Minh. Dans l'opposition, de Gaulle rendait encore plus difficile à la IVe République la décolonisation[144]. » Une chose est sûre : cette fois, le temps joue en sa faveur. Depuis Colombey, le Général mesure la colère des Français d'Algérie, l'accablement de l'opinion publique métropolitaine, l'animosité grandissante de l'armée, critiquée pour ses méthodes dans la colonie et humiliée par le repli d'Égypte imposé par Washington après l'opération franco-britannique de Suez. Il se tient donc en réserve de la République. Il attend son heure. Elle va sonner le 19 mai 1958, au terme d'un épisode à jamais controversé.

Coup d'État ?

En ce printemps 1958, alors que la situation est extrêmement tendue en Algérie, la IVe République connaît une énième crise politique, dont elle peine à sortir. Les réseaux gaullistes s'affairent. Le 10 mai,

---

144. Aron Raymond, *Le spectateur engagé*, *op. cit.*, p. 200.

deux cent vingt-trois compagnons de la Libération en appellent à « celui qui a libéré la patrie et rétabli la République pour définir et appliquer la politique qui permettra à la France de restaurer son autorité et son prestige[145] ». Mais le président de la République, René Coty, ne cède pas et charge Pierre Pflimlin de former un cabinet de centre-gauche. Or, le leader démocrate-chrétien a laissé entendre qu'il cherchera à négocier avec le FLN... Le 13 mai, alors que l'Assemblée nationale s'apprête à voter la confiance au nouveau cabinet, à Alger une manifestation organisée par différentes formations patriotiques à la mémoire de trois soldats français exécutés par les indépendantistes dégénère en émeute. Le Palais du gouvernement est investi et mis à sac. Le général Massu, commandant la 10e division parachutiste, annonce la création d'un Comité de salut public, dirigé par le général Salan, commandant supérieur Interarmées de l'Algérie. Le 15 mai, ce dernier lance un « Vive de Gaulle ! » depuis le balcon du quartier général de l'administration française.

« Un grand homme honoraire, c'est dangereux pour une nation ; même s'il s'est séquestré dans un village solitaire », s'emporte Jean-Paul Sartre dans les colonnes de *L'Express*.

> Seuls en face de Massu et de Salan, nous pouvions tenir le coup. Mais on a pris nos ministres à revers : tout d'un coup, comme ils parlementaient avec les généraux, ils ont vu s'étendre à leurs pieds et devant eux une ombre

145. Spire Kerwin, *Monsieur Romain Gary. Conseil général de France*, Folio, 2022, p. 236.

interminable. Déjà, sur l'autre rive, Salan criait : « Vive de Gaulle » et tous les Algérois : « De Gaulle au pouvoir. »[146]

Le philosophe ne croit pas si bien dire. En cheville avec un trio gaulliste composé de Jacques Soustelle, Jacques Foccart et Léon Delbecque, Salan et Massu entendent forcer le retour du Général aux affaires. Massu dévoilera plus tard le *modus operandi* de cette opération baptisée « Résurrection » :

> Soulever le peuple parisien au cours d'une marche convergente, en direction des Champs-Élysées et du Palais Bourbon, d'éléments aérotransportés initialement débarqués au Bourget et à Villacoublay. Obtenir par une manifestation de masse la chute du gouvernement actuel et la mise en place d'un gouvernement républicain de Salut public sous la présidence du général de Gaulle[147].

Le 15 mai, l'homme vers qui tous les regards sont tournés sort enfin du bois. Il publie un communiqué de sept lignes, dans lequel il constate « la dégradation de l'État », stigmatise « la responsabilité du régime des partis » et affirme son intention « d'y porter remède en assumant les pouvoirs de la République[148] ». Quatre jours plus tard, il tient une conférence de presse au Palais d'Orsay. Face à ceux qui agitent le spectre d'un renversement de la République, il s'offusque : « La République ! Il fut un temps où elle était reniée, trahie par les partis eux-mêmes. Alors moi, j'ai

146. Sartre Jean-Paul, « Le prétendant », dans *Situations, V*, Gallimard, 1964, p. 89-90.
147. Massu Jacques, *Le torrent et la digue. Alger, du 13 mai aux barricades*, Plon, 1972, p. 123.
148. De Gaulle Charles, *Mémoires*, *op. cit.*, p. 897.

redressé ses armes, ses lois, son nom… J'ai rétabli la République chez elle. » Et de lancer à la cantonade : « Croit-on qu'à soixante-sept ans, je vais commencer une carrière de dictateur ? » Au moment de prendre congé, il affirme qu'il va « rentrer dans son village » où il se tient « à la disposition du pays[149] ». Mais le pouvoir ne semble pas pressé de le solliciter, si bien que l'opération « Résurrection » est activée. Une « répétition générale » a lieu en Corse : le 24 mai, les hommes du 1er bataillon parachutiste de choc de Calvi s'emparent des mairies, préfectures et sous-préfectures de Bastia et d'Ajaccio. La prise de Paris est prévue quatre jours plus tard.

Le 27 mai, de Gaulle fait publier un communiqué indiquant qu'il ne saurait approuver « toute action, de quelque côté qu'elle vienne, qui met en cause l'ordre public » et dit attendre des forces terrestres, navales et aériennes présentes en Algérie « qu'elles demeurent exemplaires, sous les ordres de leurs chefs[150] ». Il demande à Salan de lui envoyer un émissaire ; le général Dulac se présente ainsi à Colombey. Selon Pierre Lefranc, un proche collaborateur du Général, de Gaulle lui aurait signifié « de la façon la plus formelle » qu'il ne voulait revenir au pouvoir « qu'en respectant le processus démocratique » et que « toute intervention militaire n'aurait pour résultat que de compromettre les circonstances de son retour et la suite[151] ». Mais la version de Dulac est différente. De Gaulle lui aurait dit qu'« il eût été immensément préférable » que son retour

149. Lefranc Pierre, *Avec qui vous savez*, Plon, 1989, p. 123.

150. De Gaulle Charles, « Communiqué du 27 mai 1958 », site de la Fondation Charles de Gaulle.

151. Lefranc Pierre, *Avec qui vous savez*, *op. cit.*, p. 119.

aux affaires s'effectue « par voie du processus » mais aurait ensuite déclaré : « Il faut sauver la baraque ! Vous direz au général Salan que ce qu'il a fait et ce qu'il fera, c'est pour le bien de la France[152]. » Dans le livre qu'il a commis sur ces événements, le général Massu dévoile pour sa part le contenu d'un télégramme qu'il expédia à un subordonné et qui tend à montrer que de Gaulle entendait *a minima* rester maître de la situation :

> Intervention sur demande Grand Charles seulement – stop – Calmez impatiences – stop – Sommes en liaison directe avec le général de Gaulle – stop – N'agissez que sur son ordre – stop – Méfiez-vous des intermédiaires parlant au nom du Général – stop et fin[153].

Charles de Gaulle aurait-il donné son *imprimatur* à un coup de force ? On ne le saura jamais car le 28 mai, quelques heures avant l'expiration de l'ultimatum des putschistes, Pierre Pflimlin démissionne et le président René Coty fait aussitôt appel au « plus illustre des Français ». Le soir même, le Général est reçu à l'Élysée ; à sa sortie, il publie un communiqué dans lequel il annonce ses conditions pour gouverner : pleins pouvoirs et mandat constituant.

---

152. Dulac André, *Nos guerres perdues*, Fayard, 1969, p. 89.
153. Massu Jacques, *Le torrent et la digue*, *op. cit.*, p. 149.

IV

À l'épreuve du pouvoir

« C'est le général de la Libération, non le président du RPF, qui revient en 1958 », proclame André Malraux. « Après Diên Biên Phu, après la grève de la police, le régime n'était plus d'assemblée ou de parti, mais d'abandon. Comme l'avait été la IIIe République après l'armistice[154]. »

Le 1er juin, Charles de Gaulle fait son entrée à l'Assemblée nationale, qu'il avait quittée en janvier 1946 dans un climat hostile. Il y confirme aux députés qu'il attend d'eux les pleins pouvoirs pour six mois, un mandat pour soumettre au pays une nouvelle Constitution et la mise en congé des Assemblées. La confiance lui sera accordée dans la douleur, par 329 voix contre 224. François Mitterrand n'ira pas par quatre chemins : « En droit, le Général tiendra ce soir ses pouvoirs de la représentation nationale, en fait il les détient déjà du coup de force[155] », lance-t-il au Palais Bourbon.

---

154. Malraux André, *Le Miroir des limbes, op. cit.*, p. 709.
155. Nay Catherine, *Le noir et le rouge, op. cit.*, p. 338.

«Le retour du Général au pouvoir s'est-il effectué dans la légalité?» s'interroge l'historien Michel Winock.

> Ses partisans l'affirment et le prouvent par l'investiture qu'il reçoit des députés le 1er juin. Au demeurant, ces députés, en majorité, n'étaient nullement décidés au départ à céder à de Gaulle. Il aura fallu cette menace de l'armée, cette peur de la guerre civile, l'«intox» pratiquée par les élus, pour que le Général parvienne à ses fins. [...] Légalité suspecte donc. En même temps, l'opinion adhérait[156].

Comme leurs aînés en juillet 1940 devant le maréchal Pétain, les députés ont cédé devant le sauveur ou le «dictateur», au sens romain: ce *magister populi* à qui l'on confie les pleins pouvoirs pour six mois afin de débrouiller une situation inextricable. Mais si l'Assemblée nationale lui avait refusé son investiture? Qu'aurait fait de Gaulle? Quelle aurait été la réaction de l'état-major d'Alger? Questions à jamais sans réponse.

«Ce conflit ridicule»

En attendant qu'on l'installât à l'Élysée, c'est au titre de dernier président du Conseil de la IVe République que de Gaulle va se rendre à Alger, le 4 juin 1958, et y lancer son célèbre «Je vous ai compris!» depuis le balcon du Gouvernement général, à l'endroit même où, deux semaines plus tôt, les généraux Massu et Salan avaient défié la République.

Qu'a-t-il voulu dire exactement à cette foule électrisée, estimée à plus de 150000 personnes?

156. Winock Michel, *Charles de Gaulle. Un rebelle habité par l'histoire*, Gallimard, 2019, p. 82.

Les commentateurs se sont perdus en conjectures et la suite de son allocution n'a guère contribué à dissiper le brouillard.

> Je sais ce qui s'est passé ici. Je vois ce que vous avez voulu faire. Je vois la route que vous avez ouverte en Algérie, c'est celle de la rénovation et de la fraternité. Je dis la rénovation à tous égards. Mais très justement vous avez voulu que celle-ci commence par le commencement, c'est-à-dire par nos institutions, et c'est pourquoi me voilà[157].

Les partisans de l'Algérie française ont cru déceler une approbation de leur rébellion mais à aucun moment de Gaulle n'a prononcé le « Vive l'Algérie française » agité sur tant de calicots. Faut-il déduire de son ode à la « rénovation » et à la « fraternité » qu'il est « intégrationniste » ? Pierre Miquel en est convaincu. « Pour lui, l'Algérie française est bien celle de Soustelle, qu'il nomme ministre de l'Information, non pas pour rassurer les ultras, mais pour l'associer à une politique qui a toujours été la sienne[158] », affirme l'historien. L'annonce, le 3 septembre, du « Plan de Constantine », destiné à moderniser le tissu social et économique de l'Algérie, et les propos qu'il tient le 23 octobre, lors d'une conférence de presse à Matignon, semblent confirmer cette orientation. Après avoir fait l'éloge de l'armée française, « qui accomplit en Algérie ce que la France attend d'elle[159] », il propose au FLN de déposer les armes. « Que vienne la paix des braves et je suis sûr

157. Jackson Julian, *De Gaulle*, *op. cit.*, p. 534.
158. Miquel Pierre, *La guerre d'Algérie*, Fayard, 1993, p. 354.
159. De Gaulle Charles, « Conférence de presse à Matignon », site de l'ina.

que les haines iront en s'effaçant[160] », glisse-t-il. Mais en privé, le ton est sensiblement différent. « Nous ne pouvons pas garder l'Algérie », confiait-il le 7 juin, lendemain de son voyage sur place, à son directeur de cabinet, Pierre Lefranc. « Croyez bien que je suis le premier à le regretter, mais la proportion d'Européens est trop faible. Si nous étions plus nombreux… mais un contre neuf[161] ! »

Sa proposition de cessez-le-feu restera lettre morte. Au printemps 1959, le Général a fait son deuil de l'Algérie et s'emporte devant ceux qui, dans la foulée d'un Soustelle, rêvent encore d'un département pacifié sous pavillon français. En mars, il lâche devant Peyrefitte :

> Ceux qui prônent l'intégration ont une cervelle de colibri, même s'ils sont très savants. Si nous faisions l'intégration, si tous les Arabes et Berbères d'Algérie étaient considérés comme Français, comment les empêcherait-on de venir s'installer en métropole, alors que le niveau de vie est tellement plus élevé ? Mon village ne s'appellerait plus Colombey-les-Deux-Églises mais Colombey-les-Deux-Mosquées[162] !

Le 16 septembre 1959, de Gaulle tombe officiellement le masque. Dans une allocution radiodiffusée et télévisée, il annonce la tenue d'un référendum sur l'autodétermination. Le peuple algérien aura le choix entre la sécession, la francisation ou l'association. Officiellement, le chef de l'État marque sa préférence

160. *Ibid.*
161. Lefranc Pierre, *Avec qui vous savez, op. cit.*, p. 129.
162. Peyrefitte Alain, *C'était de Gaulle, op. cit.*, p. 66.

pour la troisième option, soit le « gouvernement des Algériens par les Algériens, appuyé sur l'aide de la France et en union étroite avec elle[163] ». Mais à lire le *Verbatim* de Peyrefitte, il semble plutôt enclin à tourner la page :

> C'est un terrible boulet. Il faut le détacher. C'est ma mission. Elle n'est pas drôle. Mettez-vous à ma place ! Je ne fais pas ça de gaîté de cœur. Mais c'est peut-être le plus grand service que j'aurai rendu à la France[164].

Le 8 janvier 1961, c'est à l'ensemble des Français que la question de l'autodétermination est soumise : 75 % des votants en métropole et 69 % en Algérie approuvent le « projet de loi sur l'autodétermination des populations algériennes ». Un point de non-retour vient d'être franchi. Le 11 avril, lors d'une conférence de presse, de Gaulle affirme que « la France considérerait avec le plus grand sang-froid une solution telle que l'Algérie cessât d'appartenir à son domaine[165] ».

Pour une partie de l'armée, c'en est trop. Le 22 avril 1961, quatre généraux « cinq étoiles », Challe, Zeller, Jouhaud et Salan, fomentent un putsch à Alger. Une quinzaine de régiments parachutistes et de la Légion s'emparent des bâtiments stratégiques de la ville. Leur plan est de rallier toute l'armée d'Algérie, de déployer 300 000 soldats de métier dans le pays et d'achever victorieusement la guerre.

---

163. De Gaulle Charles, « Allocution radio-télévisée prononcée au Palais de l'Élysée le 16 septembre 1959 », site de l'ina.
164. Peyrefitte Alain, *C'était de Gaulle*, *op. cit.*, p. 73.
165. Touchard Jean, *Le Gaullisme 1940-1969*, *op. cit.*, p. 187.

De Gaulle utilise aussitôt l'article 16 de la Constitution, qui autorise le président de République à exercer les pouvoirs législatif et exécutif en cas de menace grave et immédiate contre les institutions. Le lendemain, il apparaît à la télévision en grand uniforme. Il dénonce solennellement le pouvoir insurrectionnel qui s'est établi en Algérie et exhorte la Nation à l'aider à barrer la route aux mutins. Peu après, le Premier ministre, Michel Debré, demande à la population de Paris de se tenir prête à aller défendre les aérodromes dès que les sirènes retentiront... Elles resteront muettes. Trois jours plus tard, Challe se rend, Zeller est arrêté tandis que Jouhaud et Salan prennent le maquis.

Rétrospectivement, la tournure des événements fait davantage penser à un coup de sang de soldats perdus – un « quarteron de généraux en retraite », selon la formule gaullienne passée à la postérité[166] – qu'à un *pronunciamiento* militaire en bonne et due forme. D'aucuns sont allés jusqu'à dénoncer un coup monté de l'Élysée : quelques officiers clairement identifiés auraient été sciemment poussés à la faute pour pouvoir ensuite affaiblir une armée coloniale devenue gênante et pour que de Gaulle puisse rejouer sa grande scène de « l'homme de la dernière chance » et ainsi raffermir son pouvoir[167].

Que la guerre d'Algérie ait été le ferment du retour du Général au pouvoir, c'est une évidence. Que l'intéressé ait ensuite joué les « pompiers pyromanes »,

---

166. De Gaulle Charles, *Mémoires*, *op. cit.*, p. 973.
167. Telle est, à gros traits, la thèse de Pierre Abramovici, développée dans son livre *Le putsch des généraux. De Gaulle contre l'armée*, Fayard, 2011.

c'est plus discutable. Un jeu risqué, le cas échéant : le 22 août 1962, les rafales de mitraillettes tirées sur la DS présidentielle au Petit-Clamart par un commando de l'OAS (l'Organisation de l'armée secrète, dirigée clandestinement par Salan) n'auront rien d'une mascarade.

En attendant, de Gaulle n'a qu'une hâte : tirer un trait sur cette « entreprise à hommes et à fonds perdus[168] » qu'est désormais, à ses yeux, la présence française en Algérie. Pressé d'en finir, il ira jusqu'à renoncer au Sahara et à ses ressources pétrolières et gazières qui, jusqu'à il y a peu, n'avaient pas vocation à devenir algériennes. Le 18 mars 1962, les accords d'Évian sont signés entre le gouvernement français et le FLN. Ils instaurent un cessez-le-feu et ouvrent la voie au repli. Un référendum sur l'indépendance de l'Algérie est annoncé dans la foulée. Le 1er juillet, il est approuvé à 99,7 %.

C'est peu dire que les partisans de l'Algérie française fulminent, y compris dans les rangs gaullistes. Jacques Soustelle parle ainsi de « trahison ».

> Au lieu d'aménager, à tout le moins, le « dégagement », de regrouper en lieu sûr sous la protection de l'armée les centaines de milliers de malheureux qui craignaient, à juste titre, pour leur vie, il [de Gaulle] livra à la discrétion des terroristes tout un peuple qui avait subi, depuis sept ans, attentats, viols, assassinats. Rien ne fut fait pour faciliter et adoucir ce tragique exode[169].

---

168. Touchard Jean, *Le Gaullisme 1940-1969*, *op. cit.*, p. 190.
169. Soustelle Jacques, *Vingt-huit ans de gaullisme*, *op. cit.*, p. 296.

Démis de ses fonctions ministérielles dès janvier 1959, il finira par prendre le chemin de l'exil et se rapprocher de l'OAS. « Le destin de la France ne coïncide pas nécessairement avec les intérêts des Français d'Algérie[170] », tranchera le Général.

Une nouvelle République

Si la tragédie algérienne a ramené de Gaulle aux affaires, c'est la réforme des institutions qui constitue sa vraie priorité, ce «conflit ridicule [qui] empêche la France de tenir sa place dans le monde et d'abord en Europe[171] » ne constituant qu'un écueil sur la voie du renouveau. Au printemps 1958, sitôt doté des pouvoirs constituants, il a fait rédiger le projet de Constitution qu'il avait échoué à imposer douze ans plus tôt. Le 28 septembre, ce texte, qui accorde une place prépondérante au président de la République, incarnation de l'intérêt national et de la France sur la scène internationale, sera plébiscité par référendum. Un mois plus tard, le Général et son nouveau parti, l'Union pour la nouvelle République (UNR), transformeront l'essai en remportant haut la main les élections législatives. Ce scrutin laissera sur le carreau 334 des 475 élus de 1956 qui s'étaient représentés, dont les anciens présidents du Conseil Pierre Mendès France et Edgar Faure ou les anciens ministres François Mitterrand, Jules Moch et Gaston Defferre. La page de la IVe République était bel et bien tournée.

En prenant possession du fauteuil présidentiel, Charles de Gaulle va aussitôt dicter la politique du

170. Malraux André, *Le Miroir des limbes*, *op. cit.*, p. 628.
171. Vaïsse Maurice, *La grandeur : politique étrangère du général De Gaulle, 1958-1969*, Fayard, 1998, p. 72.

pays à « ses » ministres, sans obligatoirement en référer au Premier, Michel Debré. Il est, *de facto*, le seul chef du pouvoir exécutif alors qu'aux termes de l'article 5 de la nouvelle Constitution, le rôle du président de la République est celui d'un arbitre.

De Gaulle n'est pas seulement le « père » des institutions de la Ve République, il les habite, il les incarne, au point que d'aucuns redoutent que l'échafaudage qu'il a construit ne disparaisse avec lui. Or, au lendemain de l'attentat du Petit-Clamart, un truisme a sauté aux yeux de chacun : le « Connétable » n'est pas immortel… Sans doute serait-il dès lors sage de préparer sereinement l'avenir, c'est-à-dire de « séculariser » le pouvoir, de transmuer un règne en un gouvernement de législature, bref de mettre en place des procédures de gouvernance plus « normales ». C'est le sens du billet de Sirius, alias Hubert Beuve-Méry, dans les colonnes du *Monde* au lendemain de la tentative d'assassinat.

> On voudrait que, conscient de ce qui serait son plus beau titre de gloire, il [de Gaulle] utilise le moment d'émotion qui rapproche de lui amis et adversaires pour mettre au point, avec des « intermédiaires » qu'il méprise ou qu'il déteste, les meilleures ou les moins mauvaises conditions de survie de la République [172].

Le chef de l'État partage cette crainte du vide après lui mais n'a, en revanche, aucune intention de remettre en selle ces fameux « corps intermédiaires » – partis politiques, élus locaux, syndicats… – qu'effectivement il méprise ou déteste. Il entend, au contraire, élever haut

172. Beuve-Méry Hubert, *Onze ans de règne, 1958-1969*, Flammarion, 1974, p. 310.

la personne présidentielle, afin qu'elle ne risque plus d'être menacée ou atteinte par les précités lorsqu'un homme n'ayant ni son passé ni son autorité sera amené à lui succéder. Afin de légitimer et de pérenniser la fonction, il propose alors aux Français qu'à la fin de son propre septennat, le président de la République soit élu au suffrage universel direct – et non plus par un collège de grands électeurs.

L'annonce met aussitôt la classe politique vent debout. Sur le fond, l'élection d'un Président au suffrage universel rappelle de fâcheux souvenirs aux députés : le 2 décembre 1851, trois ans après la seule expérience de ce type dans l'histoire de France, le président Louis Napoléon Bonaparte renversa la IIe République parlementaire et prépara la restauration de l'Empire. Sur la forme, l'adoption de la réforme par voie référendaire voulue par de Gaulle est contraire à l'article 89 de la nouvelle Constitution, qui stipule qu'un projet de révision constitutionnelle « doit être voté par les deux assemblées en termes identiques ».

Le Général, qui redoute les « petits jeux politiques » au Parlement, s'appuie pour sa part sur l'article 3 du même texte, qui affirme que « la souveraineté nationale appartient au peuple qui l'exerce par ses représentants *et* par la voie du référendum ». En vérité, de Gaulle n'a que faire des états d'âme des constitutionnalistes. Il déclare au garde des Sceaux, Jean Foyer :

> Il y a la France. Il y a l'État. Et puis, derrière les impératifs supérieurs, en troisième lieu seulement, et autant qu'on peut le respecter, il y a le Droit. Je n'ai jamais rien fait dans ma vie que parce que j'ai fait passer d'abord le salut de la

Patrie, et que je ne me suis pas empêtré dans le juridisme, et cela dans plusieurs circonstances que vous savez[173].

Un tel «césarisme» ne passe pas. La fronde qui a gagné les bancs de l'Assemblée nationale transcende le clivage majorité-opposition. Le 4 octobre 1962, cas unique à ce jour sous la Ve République, une motion de censure contre le gouvernement de Georges Pompidou – qui a succédé à Michel Debré en avril – est adoptée à la majorité absolue.

De Gaulle décide alors d'en appeler doublement au jugement du pays: en convoquant des élections législatives anticipées et en maintenant le référendum sur la modification du mode de désignation du président de la République. Il conditionne la poursuite de son mandat aux résultats des deux consultations. Il gagnera sur tous les tableaux, les formations soutenant son action obtenant même la majorité absolue aux législatives du 25 novembre. Trois jours plus tard, Pompidou est reconduit à Matignon.

Cette démonstration de force laissera la classe politique traditionnelle amère. Au crépuscule de sa vie, l'ancien président du Conseil, Paul Reynaud, l'homme qui fit entrer de Gaulle en politique, se sentira le devoir d'apostropher le peuple français:

Le Conseil constitutionnel composé presque uniquement d'amis du Pouvoir avait, à une écrasante majorité, jugé qu'enlever au Parlement le droit de statuer d'abord sur une révision de la Constitution, c'était violer celle-ci. À l'unanimité moins une voix, le Conseil d'État l'avait jugé aussi. À une majorité de 60 %, tu as pourtant ratifié, au référendum d'octobre 1962, cette violation de la Constitution. Ainsi se

173. Kersaudy François, *Le monde selon de Gaulle*, t. 1, *op. cit.*, p. 117.

conduisent les peuples des Républiques à *pronunciamientos*. Que penseront de toi tes descendants ?[174]

Populisme ?

Il n'a jamais manqué de contempteurs pour taxer le régime gaulliste de « consulat » ou de « principat », l'élection étant assimilée à un plébiscite appelant le peuple à se soumettre au pouvoir personnel et « irresponsable » – dès lors que le chef de l'État ne peut en principe être renvoyé durant son septennat – d'une sorte de prince.

À ce reproche, les défenseurs des nouvelles institutions objectent que, bien que le Président soit le véritable chef de l'État et qu'il puisse nommer ou révoquer le chef du gouvernement, il est tenu de gouverner par l'intermédiaire des ministres, qui doivent signer ou contresigner les actes du gouvernement. Or, par une motion de censure, l'Assemblée nationale peut contraindre les ministres à se retirer et par là même mettre le Président dans l'impossibilité de gouverner. « Cette responsabilité indirecte du chef de l'État devant l'Assemblée n'est que la mise en œuvre d'une responsabilité plus haute : sa responsabilité directe devant le corps électoral[175] », soutient ainsi le juriste René Capitant, gaulliste de gauche et futur ministre de la Justice. À la motion de censure qui renverse les ministres, le Président peut répondre par la dissolution

174. Reynaud Paul, *La politique étrangère du gaullisme*, René Julliard, 1964, p. 266.
175. Capitant René, *Écrits politiques 1960-1970*, Flammarion, 1971, p. 24.

de l'Assemblée, qui déclenche de nouvelles élections législatives. Capitant précise :

> En 1962, le suffrage universel a tranché le conflit en faveur du Président. Il a désavoué la majorité parlementaire sortante qui avait voté la motion de censure et il a renvoyé au Palais Bourbon une majorité nouvelle, avec mandat de soutenir la politique présidentielle[176].

Quoi qu'il en soit, une fois de plus, Charles de Gaulle a gagné son pari. Avec l'élection du chef de l'État au suffrage universel direct, il a mis la dernière touche à un édifice institutionnel solide, dont les pouvoirs du président de la République constituent la clef de voûte. Pourtant, en décembre 1965, à la veille du premier scrutin « nouvelle formule », auquel le Général a décidé de se présenter malgré ses 75 ans, l'éditorialiste du *Figaro*, Raymond Aron, met en garde :

> La stabilité politique actuelle est liée à un homme, non à une constitution, et rien ne permet de penser que, dans quelques années, la Constitution sera plus profondément enracinée qu'elle ne l'est aujourd'hui. Au contraire. Avec le temps, la Ve République devient de plus en plus impériale et de moins en moins parlementaire[177].

Il est vrai que le discours télévisé annonçant qu'il se portait candidat à sa succession n'a guère contribué, c'est un euphémisme, à faire tomber les préventions de ses adversaires

---

176. *Ibid.*
177. Aron Raymond, « Constitution provisoire », *Le Figaro*, 2 décembre 1965, dans *Aron et de Gaulle*, Calmann-Lévy, 2022, p. 283.

> Que l'adhésion franche et massive des citoyens m'engage à rester en fonction, l'avenir de la République nouvelle sera décidément assuré. Sinon, personne ne peut douter qu'elle s'écroulera aussitôt et que la France devra subir – mais cette fois sans secours possible – une confusion de l'État, plus désastreuse encore que celle qu'elle connut autrefois.

Le socialiste Gaston Defferre résumera l'homélie d'une formule cinglante : « Moi ou le chaos[178]. » De Gaulle se verra contraint de disputer un second tour face à François Mitterrand – qui avait reconquis son siège de député de la Nièvre en 1962. Un affront dont André Malraux tentera de tirer le meilleur parti : « Quand a-t-on vu une dictature en ballottage[179] ? »

La France et le monde

Si les caricaturistes se plaisent à le croquer en Roi-Soleil, c'est moins sa personne que sa fonction qu'il vise à exalter. Au reste, le président français n'agit jamais par pure cérémonie : il pose des actes lourds de conséquences, singulièrement au plan international, son domaine réservé.

À l'échelle continentale, de Gaulle milite pour une Europe des États, une « Europe européenne » chevillée autour d'un partenariat franco-allemand, antithèse des « États-Unis d'Europe » voulus par son vieil ennemi Jean Monnet. Ce dernier est ainsi favorable à l'entrée du Royaume-Uni dans la CEE (Communauté économique européenne). De Gaulle y voit un « cheval de Troie » des États-Unis, même si officiellement il met surtout en avant l'insularité des Britanniques. « La nature, la

178. Peyrefitte Alain, *C'était de Gaulle*, *op. cit.*, p. 1188 et 1190.
179. Malraux André, *Le Miroir des limbes*, *op. cit.*, p. 677.

structure, la conjoncture, qui sont propres à l'Angleterre, diffèrent profondément de celles des Continentaux[180] », affirme-t-il en janvier 1963, au moment de justifier son veto à l'adhésion de Londres. Pour toute une génération de Britanniques europhiles, ce sera une grande déception. Julian Jackson explique que :

> D'aucuns ont lu cette décision à partir d'une certaine rancune que de Gaulle avait envers nous, à cause des disputes avec Churchill durant la guerre. Mais aujourd'hui, pour une partie des « Brexiters », il est rétrospectivement devenu un prophète : « Si on l'avait écouté ; dans sa conférence de presse, en janvier 1963, il a bien montré que nous n'étions pas un pays européen… », etc.[181]

S'il éconduit les Anglais, de Gaulle courtise l'ancien ennemi allemand. Dès son retour au pouvoir, en 1958, il avait fait les honneurs de la Boisserie au chancelier Adenauer. Le 22 janvier 1963, les deux hommes se retrouvent à l'Élysée pour ratifier un traité de coopération qui contient un important chapitre « Défense ». Le chef de l'État français rejette la logique des deux blocs, née sans lui à Yalta. Au-delà de la blessure narcissique mal cicatrisée – dont il convient de ne pas sous-estimer les effets –, il ne fait pas entièrement confiance aux États-Unis pour défendre le Vieux Continent en cas de conflit avec l'URSS. Adenauer non plus.

Cette ébauche d'une Europe franco-allemande n'est pas du goût des milieux atlantistes. La menace

---

180. De Gaulle Charles, *Discours et messages. Pour l'effort (août 1962-décembre 1965)*, Plon, 1970, p. 66-71.

181. Bourton William, « Julian Jackson : "Il y a beaucoup de nostalgie vis-à-vis de De Gaulle" », *op. cit.*

d'une émancipation vis-à-vis de Washington est prise d'autant plus au sérieux que la mise au point d'un arsenal nucléaire français avance bien. « Le général de Gaulle doit être traité par le président [Kennedy] avec un calme olympien et les nations européennes doivent être discrètement encouragées à s'opposer à son but d'être leur chef de file », écrit le conseiller américain à la Sécurité nationale, McGeorge Bundy, dans une note stratégique. « Nous devons être particulièrement attentifs aux événements d'Allemagne et devancer toute tendance de leur part à entrer dans la plus vague association nucléaire avec la France[182]. » Il ne sera guère difficile de convaincre les petites nations comme la Belgique ou les Pays-Bas qui, au sein de la CEE, bénéficient d'un pouvoir exorbitant par rapport à leur poids réel. En Allemagne, la partie sera plus serrée. « Les Américains essaient de vider notre traité de son contenu. Ils veulent en faire une coquille vide », tempête de Gaulle. Et de retrouver ses accents des années de guerre :

> Tout ça, pourquoi ? Parce que les politiciens allemands ont peur de ne pas s'aplatir suffisamment devant les Anglo-Saxons ! Ils se conduisent comme des cochons ! Ils mériteraient que nous dénoncions le traité et que nous fassions un renversement d'alliance en nous entendant avec les Russes[183] !

Le 15 octobre 1963, le Parti libéral-démocrate, partenaire de coalition de l'Union chrétienne-démocrate d'Adenauer, parviendra à faire écarter le vieux chancelier

---

182. Roussel Éric, *Charles de Gaulle, op. cit.*, p. 746.
183. Peyrefitte Alain, *C'était de Gaulle, op. cit.*, p. 823.

au profit de Ludwig Erhard, nettement plus atlantiste. « Les Allemands ont vite oublié. On ne peut pas compter sur eux. Ils avaient été mon grand espoir. Ils sont mon grand désappointement[184] », soupirera de Gaulle. L'Europe demeurera donc en l'état : une entité économique de plus en plus technocratique, sous-traitant sa défense aux États-Unis d'Amérique. Mais tout isolé qu'il soit stratégiquement, comme aux plus beaux jours, le Général va entrer en résistance.

En juin 1965, à la suite d'un différend sur la politique agricole commune et, surtout, à la volonté du président de la Commission, l'Allemand Walter Hallstein, d'abandonner le principe de l'unanimité dans les prises de décision, de Gaulle suspend la participation de la France aux réunions du Conseil des ministres, paralysant *de facto* toute la CEE. « On réclamait de nous un grave abandon de souveraineté[185] », se justifiera-t-il. Cette politique de « la chaise vide » durera jusqu'au 30 janvier 1966, lorsqu'il obtient satisfaction sur l'essentiel.

S'il est favorable à l'organisation d'une solidarité entre les pays européens, celle-ci ne peut obérer la souveraineté des États. C'est un principe chez lui : il faut partir des faits, « prendre les choses comme elles sont, car on ne fait pas de politique autrement que sur des réalités[186] ». Et cette réalité, c'est qu'il y a des pays, « qui ont leur histoire, leur langue, leur manière de

184. *Ibid.*, p. 901.

185. De Gaulle Charles, « Conférence de presse tenue au Palais de l'Élysée, le 28 octobre 1966 », dans *Pour l'avenir : extraits choisis par l'Institut Charles de Gaulle*, Le Livre de Poche, 1973, p. 245.

186. De Gaulle Charles, « Entretien radiodiffusé et télévisé du 14 décembre 1965 », *ibid.*, p. 240.

vivre[187] », qu'il convient de faire coopérer, en composant avec la politique des différents États. Quant à l'idée d'une Europe supranationale, elle est purement et simplement taxée de « chimère[188] ».

En matière de défense, à défaut d'avoir pu entraîner l'Allemagne dans son sillage, la France va avancer seule. Dès son retour au pouvoir, en septembre 1958, le Général avait envoyé un mémorandum au président américain Dwight D. Eisenhower et au Premier ministre britannique Harold Macmillan pour leur signifier son insatisfaction quant au fonctionnement de l'OTAN. Il proposait une coopération tripartite à la tête de l'Organisation, à égalité entre les États-Unis, le Royaume-Uni et la France. La fin de non-recevoir prévisible le conduira à doter son pays d'une force de frappe nucléaire mais aussi d'une diplomatie propre, et la proposition du nouveau président John F. Kennedy, entré en fonction début 1961, d'organiser des consultations plus étroites au niveau des ministres des Affaires étrangères et des chefs d'état-major n'y changera rien.

Si Eisenhower avait eu affaire à de Gaulle pendant la guerre, Kennedy ne le connaissait jusque-là que de réputation. La découverte sera parfois... surprenante. « De Gaulle reconnaît la frontière Oder-Neisse, entretient des échanges commerciaux avec l'Allemagne de l'Est, accepte la division de l'Allemagne, et malgré cela, il est arrivé à persuader le gouvernement de l'Allemagne de l'Ouest qu'il est plus allemand et plus anticommuniste que nous », confiera-t-il ainsi, « avec plus d'étonnement que d'irritation[189] », à son conseiller politique,

187. *Ibid.*, p. 242.
188. *Ibid.*
189. Sorensen Theodore C. , *Kennedy, op. cit.*, p. 401.

Ted Sorensen. Pour sa part, à en croire son aide de camp, Jean d'Escrienne, de Gaulle évoqua toujours Kennedy « en termes chaleureux », précisant que sa disparition tragique et prématurée avait été d'autant plus préjudiciable que « celui qui devait lui succéder n'avait pas eu les mêmes qualités que lui[190] ». Lyndon B. Johnson ne portait pas davantage dans son cœur « ce type à Paris » (« *that guy in Paris* »), comme il appelait de Gaulle devant l'ambassadeur soviétique en poste aux États-Unis[191].

Un premier incident sérieux entre les deux hommes va éclater en février 1965, lorsque le Général part en croisade pour libérer le système monétaire mondial de l'hégémonie du dollar américain. Il fait convertir en or une partie des réserves de la Banque de France en billets verts et dépêche la Marine nationale pour rapatrier la réserve d'or française entreposée à Fort Knox. L'économie américaine en pâtit et de Gaulle gagne le surnom de « Gaullefinger » dans la presse, en référence au trafiquant de métal jaune combattu par James Bond dans le film *Goldfinger*, sorti l'année précédente. Douze mois plus tard, le 7 mars 1966, de Gaulle fait savoir à son homologue américain que la France entend « recouvrer sur son territoire l'entier exercice de sa souveraineté, actuellement entamé par la présence permanente d'éléments militaires alliés [et] ne plus mettre de forces à la disposition de l'Organisation atlantique[192] ». En clair, la France quitte le commandement militaire

190. D'Escrienne Jean, *Le Général m'a dit, 1966-1970*, Plon, 1973, p. 85.
191. Dobrynin Anatoly, *In confidence*, Times Books, 1995, p. 124.
192. Lacouture Jean, *De Gaulle, 3. Le souverain*, Seuil, 1986, p. 378.

intégré de l'OTAN et, près de 22 ans après le débarquement de Normandie, prie l'armée américaine de quitter l'Hexagone. De Gaulle prend cependant soin de préciser que son pays demeure disposé à s'entendre avec ses alliés dans le cas d'un conflit où elle s'engagerait à leurs côtés. Dans ses mémoires présidentiels, Johnson estimera que de Gaulle poursuivait « une politique fortement nationaliste qui portait atteinte à la communauté atlantique sous de nombreux angles[193] ». Henry Kissinger, professeur de relations internationales à l'université Harvard et secrétaire d'État dans l'administration Nixon, a pour sa part une analyse plus fine.

> Selon de Gaulle, les obligations internationales étaient intrinsèquement contingentes pour deux raisons : les circonstances dans lesquelles elles pouvaient évoluer étaient, par définition, imprévisibles ; et les obligations elles-mêmes pouvaient être modifiées par des altérations de l'environnement géopolitique ou des perspectives des leaders. Aussi comptait-il, d'un côté, parmi les plus fervents partisans de l'Alliance atlantique lorsque les Soviétiques lançaient un vrai défi à l'ordre international comme ce fut le cas pendant la crise des missiles de Cuba en 1962 ou au moment de l'ultimatum soviétique sur le statut de Berlin. D'un autre côté, il ne cessa jamais d'insister sur la liberté de son pays d'évaluer les conséquences des événements lorsqu'ils se présentaient[194].

Ce « libre arbitre » conduira le président français à tancer les États-Unis et Israël pour leur usage de la

---

193. Johnson Lyndon B., *Ma vie de Président 1963-1969*, Éditions Buchet/Chastel, 1972, p. 391.
194. Kissinger Henry, *Leadership. Six études de stratégie mondiale*, Fayard, 2023, p. 145.

force au Vietnam et en Palestine. Le 1er septembre 1966, au stade de Phnom Penh, au Cambodge, il s'appuie sur « l'exemple » que la France a donné en Afrique du Nord pour exhorter les États-Unis à renoncer à leur tour à « une expédition lointaine dès lors qu'elle apparaît sans bénéfice et sans justification ». « S'il est invraisemblable que l'appareil guerrier américain vienne à être anéanti sur place, il n'y a, d'autre part, aucune chance pour que les peuples de l'Asie se soumettent à la loi de l'étranger venu de l'autre rive du Pacifique, quelles que puissent être ses intentions et si puissantes que soient ses armes », lance-t-il à « l'Oncle Sam » – et par-delà, aux peuples du Tiers-monde en lutte contre « l'impérialisme américain[195] ».

Si l'Amérique a, bon gré mal gré, pris l'habitude des remontrances gaulliennes, il n'en va pas de même en Israël, pays historiquement « ami » de la France. En juin 1967, le Général, qui tente d'améliorer les relations avec les pays arabes, s'oppose fermement à l'intervention militaire décidée par le gouvernement de Levi Eshkol pour rompre le blocus égyptien du détroit de Tiran. Paris décide de geler les ventes d'armes à tous les pays de la région mais la mesure est perçue comme une sanction vis-à-vis de Tel-Aviv. Après l'attaque victorieuse israélienne, de Gaulle tente d'organiser une conférence entre les quatre grandes puissances pour aboutir à un accord acceptable par toutes les parties. « Les quatre grandes puissances, mais qui diable sont

195. De Gaulle Charles, « Allocution prononcée à la réunion populaire de Phnom-Penh, le 1er septembre 1966 », dans *Extraits*, *op. cit.*, p. 325.

les deux autres[196] ? » se gaussera Lyndon B. Johnson devant le ministre israélien des Affaires étrangères, Abba Eban. L'initiative ne trouve guère plus d'écho à Moscou, ce qui met cruellement en lumière les limites de l'influence du chef de l'État français et ne fait qu'accentuer son courroux. « Plus de Gaulle se trouve isolé parmi ses alliés occidentaux, plus il s'irrite, et plus ses commentaires privés sur l'"impérialisme" israélien ou la "guerre coloniale" israélienne deviennent violents[197] », confirme Julian Jackson.

Cette exaspération va éclater en plein jour le 27 novembre, à l'occasion d'une conférence de presse donnée à l'Élysée. Évoquant comme à son habitude le passé pour éclairer le présent, le Général glisse qu'au moment de la création de l'État hébreu déjà, certains « redoutaient que les Juifs, jusqu'alors dispersés, mais qui étaient restés ce qu'ils avaient été de tout temps, c'est-à-dire un peuple d'élite, sûr de lui-même et dominateur, n'en viennent, une fois rassemblés sur le site de leur ancienne grandeur, à changer en ambition ardente et conquérante les souhaits très émouvants qu'ils formaient depuis dix-neuf siècles[198] ». Aussitôt, c'est le tollé. Le couplet sur le « peuple d'élite, sûr de lui-même et dominateur » sent, il est vrai, le remugle d'avant-guerre… « Le général de Gaulle a, sciemment, volontairement, ouvert une nouvelle période de l'histoire juive et peut-être de l'antisémitisme », s'indigne Raymond Aron. « Tout redevient possible. Tout recommence. Pas question, certes, de persécution :

196. Vaïsse Maurice, *La Grandeur. Politique étrangère du général de Gaulle 1958-1969*, Fayard, 1998, p. 647.

197. Jackson Julian, *De Gaulle, op. cit.*, p. 748.

198. Lacouture Jean, *De Gaulle, 3. Le souverain, op. cit.*, p. 503.

seulement de “malveillance”. Pas le temps du mépris : le temps du soupçon[199]. » Pour autant, Aron n’a jamais cru que de Gaulle était antisémite. « Il a été heurté par la réaction des Juifs français en 1967, c’est-à-dire par leur enthousiasme pour la victoire des Israéliens », précisera le sociologue à tête reposée.

> Il avait conseillé aux Israéliens de ne pas faire la guerre. Il s’est dit alors : « Ces Juifs français sont des Juifs, ce ne sont pas des Français comme les autres. » Telle est, je pense, l’origine de cette conférence de presse. Mais lui-même a été si convaincu qu’elle était dangereuse que, quelques semaines plus tard, il s’est tourné vers le grand rabbin pour écarter certaines interprétations de ses propos[200].

La guerre de Six Jours ne constitue pas le seul motif de contrariété pour de Gaulle en cette année 1967. Sur le plan domestique, depuis les élections législatives du mois de mars, la majorité présidentielle ne tient plus qu’à un siège. Ce revers a rejailli sur « l’hyper-président » – comme on ne disait pas encore à l’époque. Ses interlocuteurs le trouvent las, usé. En privé, il ne cache pas son désabusement. Il se confie à Jacques Foccart :

> En réalité, figurez-vous que nous sommes sur un théâtre où je fais illusion depuis 1940. Maintenant, je donne, ou j’essaye de donner, à la France le visage d’une nation solide, ferme, décidée, en expansion, alors que c’est une nation avachie, qui pense seulement à son confort, qui ne veut pas d’histoires, qui ne veut pas se battre, qui ne veut

199. Aron Raymond, *De Gaulle, Israël et les Juifs*, Plon, 1968, p. 18.
200. Aron Raymond, *Le spectateur engagé*, *op. cit.*, p. 242.

faire de la peine à personne, pas plus aux Américains qu'aux Anglais[201]...

Cette fatigue mentale se manifeste par une forte irritabilité. Les accrochages avec Georges Pompidou sont fréquents. Dès le mois de mai 1962, un mois et demi à peine après son entrée à Matignon, ce dernier, pourtant de nature circonspecte, avait menacé de démissionner. Ulcéré par la décision du Haut Tribunal militaire de n'infliger qu'une peine de prison à Salan, chef des putschistes d'Alger et de l'OAS, de Gaulle était en effet résolu à faire fusiller son adjoint, Jouhaud, condamné à mort par cette même Cour un mois auparavant. Pompidou ne voyait là qu'un acte de vengeance, au reste néfaste pour le régime. Le Général dut céder. « Entre deux inconvénients, votre démission et la grâce de Salan, j'ai choisi le moindre[202] », lâchera-t-il. Un conflit qui en appellera bientôt d'autres...

L'émancipation de Pompidou, que d'aucuns voyaient déjà à l'Élysée en 1965, agace de Gaulle, singulièrement lorsque certains projets auxquels il tient sont mis sous l'éteignoir par le chef du gouvernement, comme « la participation », autrement dit « la collaboration entre ceux qui travaillent et ceux qui dirigent », pour reprendre les termes d'un discours prononcé dès octobre 1944[203] – preuve qu'il ne s'agit aucunement d'une « lubie » de sa part.

---

201. Foccart Jacques, *Tous les soirs avec de Gaulle, Journal de l'Élysée 1, 1965-1967*, Fayard/Jeune Afrique, 1997, p. 690.

202. Pompidou Georges, *Lettres, notes et portraits (1928-1974)*, Robert Laffont, 2012, p. 476-477.

203. Mauriac François, *De Gaulle*, *op. cit.*, p. 194.

Sur la scène internationale également, ses actes trahissent sa frustration. Tailler des croupières aux « Anglo-Saxons » semble être devenu une idée fixe. En janvier 1964, invoquant « le poids de l'évidence et de la raison[204] », il avait établi des relations diplomatiques avec la Chine que, sous l'influence des États-Unis, de nombreux pays se refusaient à reconnaître. Le 17 mai 1967, il bloque une nouvelle demande d'adhésion de Londres au Marché commun. Et le 24 juillet, sans demander l'avis de personne, au milieu d'une visite triomphale rendue aux « cousins » d'Amérique, il lance son célèbre « Vive le Québec libre ! » depuis le balcon de l'hôtel de ville de Montréal. La saillie ne manque pas de panache et va faire aimer la France au-delà de toute expression en cet isolat perdu au cœur du monde anglophone – où le Général avait envisagé de s'exiler au lendemain de Mers-el-Kébir. Mais elle provoque un début d'incident diplomatique avec le Canada... À Paris aussi, la consternation le dispute à la colère. En cercle restreint, le ministre des Affaires étrangères, Maurice Couve de Murville, parle d'« une connerie[205] ». Pourtant, de Gaulle ne regrette rien, et devant le fidèle Foccart lui non plus ne mâche pas ses mots. « Ottawa, je m'en fous ! C'est au Canada français que je faisais visite », tonne-t-il. « Tout cela va donner des motifs d'articles à cette presse infâme et avachie, aux pieds de la botte des Américains, des Israéliens et de tous les autres[206]. » C'est dans ce ciel crépusculaire que va éclater le coup de tonnerre de

204. De Gaulle Charles, « Conférence de presse tenue au Palais de l'Élysée le 31 janvier 1964 », dans *Extraits, op. cit.*, p. 317.
205. Roussel Éric, *Charles de Gaulle, op. cit.*, p. 841.
206. Foccart Jacques, *Tous les soirs avec de Gaulle, op. cit.*, p. 686.

mai 68. Une « révolution » largement fomentée contre sa personne.

« Dix ans, ça suffit »

À feuilleter la grande presse, le début de l'année a trouvé le général de Gaulle morfondu. Comme toute la France, le chef de l'État s'ennuierait... Dans *Le Monde*, on lit :

> Il s'efforce parfois, sans grand succès, de dramatiser la vie quotidienne en s'exagérant à haute voix les dangers extérieurs et les périls intérieurs. À voix basse, il soupire de découragement devant "la vachardise" de ses compatriotes, qui, pourtant, s'en sont remis à lui une fois pour toutes[207].

La jeunesse, elle, s'agite. Le 22 mars, quelque deux cents étudiants, menés par Daniel Cohn-Bendit, ont investi le bâtiment administratif de la faculté de Nanterre. Pour que « les filles de Nanterre et d'Antony » puissent « accéder librement aux chambres des garçons », comme se moque gentiment l'éditorialiste du *Monde*[208], mais aussi pour réclamer la libération d'un camarade arrêté lors d'une manifestation anti-américaine. En vérité, meetings, interruptions de cours et occupations sauvages de locaux sont quotidiens pour dénoncer la « réforme Fouchet » des universités, la surpopulation facultaire ou le « flicage » des certains leaders étudiants. Le 3 mai, de guerre lasse, le doyen ferme la faculté et fait déférer huit « enragés » devant

---

207. Viansson-Ponté Pierre, « La France s'ennuie », *Le Monde*, 15 mars 1968.
208. *Ibid.*

le conseil de discipline de l'université de Paris. L'orage va alors se déplacer en dehors des Hauts-de-Seine et crever sur le cœur de la capitale. Une action de soutien est organisée dans la grande cour de la Sorbonne. Le recteur fait appel à la police, qui pénètre dans la vénérable institution. Des échauffourées éclatent. Près de six cents personnes sont arrêtées. Leur libération rapide n'y changera rien : le Quartier latin est entré en insurrection.

Pour de Gaulle, il s'agit d'un problème de maintien de l'ordre. En l'absence de Georges Pompidou, en déplacement au Moyen-Orient, il enjoint la fermeté à ses ministres. Mais la situation dégénère. Durant la nuit du 10 au 11 mai, étudiants et CRS s'affrontent en de véritables combats de rue, pavés contre gaz lacrymogènes. Les blessés se comptent par centaines ; par miracle, on ne déplore aucun mort.

Le lendemain, alors que Paris se réveille hébété, le Premier ministre rentre enfin d'Afghanistan. Il a été tenu au courant des événements et entend régler la crise à sa façon, en jouant la carte de l'apaisement, et ainsi montrer qu'il est désormais « l'homme de la situation ». Devant les objections du ministre de la Justice, Louis Joxe, il lâche : « Le Général n'existe plus. De Gaulle est mort. Il n'y a plus rien[209]. » Lorsqu'il se rend à l'Élysée, Pompidou a déjà rédigé l'allocution qu'il entend prononcer sur les ondes. Il met une deuxième fois son mandat dans la balance. Le Président ne peut se payer le luxe d'une crise politique. Mais il avertit : « Si vous gagnez tant mieux. La France est avec vous. Si vous perdez, tant

209. Roussel Éric, *Georges Pompidou 1911-1974*, Perrin Tempus, 2004, p. 227.

pis pour vous[210]. » La Sorbonne est donc rouverte et les fauteurs de troubles libérés. Mais ce geste du pouvoir ne produit pas l'effet escompté : la mobilisation étudiante ne faiblit pas. De Gaulle gardera de cet épisode une vive amertume. « La réouverture de la Sorbonne, ce n'était pas du de Gaulle, c'était du Pétain[211] ! » confiera-t-il au ministre de l'Intérieur, Christian Fouchet. C'est toute la France qui semble désormais secouée par une explosion de colère. En quelques jours, le pays se retrouve paralysé par 7 millions de grévistes.

De Gaulle n'en maintient pas moins sa visite officielle en Roumanie. Du 14 au 18 mai, il peut goûter à nouveau aux vivats – plus ou moins spontanés... – sur son passage et, surtout, rappeler ses positions stratégiques : liquidation des blocs militaires, évacuation des troupes étrangères stationnées dans les pays européens et « action commune » de l'Atlantique à l'Oural, affranchie de Washington et de Moscou, pour la construction d'une Europe nouvelle. Fin juin 1966, il avait accompli un voyage officiel en Union soviétique au cours duquel il avait déjà tenu des propos de la même veine, soulignant l'importance de l'amitié franco-russe pour le devenir de l'Europe et l'équilibre du monde. Du pain béni pour Léonid Brejnev... « De Gaulle est bien entendu un ennemi, nous le savons, et le Parti français, borné et ne voyant que ses propres intérêts, a essayé de nous dresser contre lui », dira le successeur de Khrouchtchev. « Mais regardez ce que nous avons obtenu : la position américaine en Europe

210. *Ibid.*

211. Lacouture Jean, *De Gaulle, 3. Le souverain*, *op. cit.*, p. 676.

s'est affaiblie, et ce n'est pas fini[212] ! » La propension du Général à placer les USA et l'URSS sur le même pied a toujours irrité Raymond Aron.

> Par là même il répandit dans le pays une image mensongère du monde, il excita l'anti-américanisme latent du peuple français et lui fit oublier que l'Union soviétique, militairement établie au centre de l'Europe, constituait pour notre indépendance nationale la seule menace véritable[213].

À Paris, les événements n'ont pas suspendu leur cours. Requinqué par son voyage dans les Carpates, de Gaulle reprend l'initiative. Le mot d'ordre : « La réforme oui, la chienlit non. » Le 24 mai, il s'adresse aux Français et annonce un référendum destiné à « donner à l'État, et d'abord à son chef, un mandat pour la rénovation ». En substance : « reconstruire l'Université » et adapter l'économie « aux nécessités nationales et internationales du présent en organisant la participation aux responsabilités professionnelles[214] ». Mais le chef de l'État ne convainc pas – « J'ai mis à côté de la plaque[215] », reconnaît-il. De Gaulle est-il « dépassé », emmuré dans ses certitudes et ses préjugés, comme ses adversaires le proclament ? Jugement hâtif si on en juge par cette confidence de

---

212. Stone Norman, *The Atlantic and its Ennemies. A History of Cold War*, Penguin Books, 2011, p. 251.
213. Aron Raymond, *Mémoires, 50 ans de réflexion politique*, Julliard, 1983, p. 434.
214. Tartakowsky Danielle dans Andrieu Chantal, Braud Philippe, Piketty Guillaume [dir.], *Dictionnaire de Gaulle*, Robert Laffont, Bouquins, 2006, p. 706.
215. Flohic François, *Souvenirs d'Outre-Gaulle*, Plon, 1970, p. 175.

l'ancien ministre de l'Équipement, Edgard Pisani, relayée par Jean-Pierre Le Goff:

> Je ne sais par quel détour au cours d'un entretien le mot de hippie est venu dans la conversation. Il [le général de Gaulle] m'a interrompu pour me dire: «Faites attention, Pisani, ils nous disent quelque chose que nous ne comprenons pas.»[216]

Si le pouvoir vacille, aucune alternative n'émerge à l'Assemblée nationale. La gauche sociale-démocrate court derrière la jeunesse et ses appels à la démission du gouvernement sont couverts par le charivari de la rue. Quant aux communistes, ils s'en prennent violemment aux gauchistes, et en particulier à Daniel Cohn-Bendit, «l'anarchiste allemand» comme le dénomme Georges Marchais dans les colonnes de l'*Humanité*. Dans un couloir du Palais Bourbon, Waldeck Rochet, le secrétaire général du PC, prend à part Jacques Vendroux, président de la commission des Affaires étrangères et beau-frère du Général, et lui murmure: «Surtout, insistez pour qu'on ne cède pas... Il ne faut pas "qu'il" s'en aille[217].» En revanche, le même Vendroux entendra des «paroles odieuses» à l'encontre de De Gaulle lors d'une réunion du groupe parlementaire gaulliste[218]. Au milieu de la débandade, Pompidou continue à jouer sa carte. Après avoir vainement tenté de pactiser avec les étudiants, il tend la main aux syndicats. Le 27 mai, il peut se féliciter de la signature des

---

216. Le Goff Jean-Pierre, «La France entre deux mondes», dans *Mai 68, Le Débat*, Gallimard, 2018, p. 71.
217. Lacouture Jean, *De Gaulle, 3. Le souverain*, *op. cit.*, p. 683.
218. *Ibid.*

accords de Grenelle, qui prévoient de substantielles augmentations salariales, mais le texte est aussitôt rejeté par une partie des travailleurs. « Pompidou a tout lâché », grognera plus tard de Gaulle.

> Il a lâché en ouvrant la Sorbonne sans conditions, ce qui a provoqué une contagion d'occupations dans tout le pays. Il a lâché à Grenelle en acceptant que le SMIC soit remonté de 25 % sans même demander que ça se passe par étapes. Il a porté un coup terrible à l'économie, aux finances, à la monnaie[219].

Le Président est harassé. Il sollicite des avis mais la situation semble inextricable. Il n'en dort plus. Son épouse s'est fait houspiller dans la rue, son fils s'inquiète de la vulnérabilité du Palais de l'Élysée et presse son père de quitter la capitale et d'établir son QG sur un navire de guerre, à Brest[220]. C'est alors que de Gaulle prend tout le monde de court. Le 29 mai, en fin de matinée, il fait reporter en dernière minute le conseil des ministres et s'envole en hélicoptère avec sa famille et une garde rapprochée pour Baden-Baden, quartier général des forces françaises en Allemagne. Il n'a pas averti Pompidou, chez qui la colère succède bientôt à la stupeur. Tentation de l'exil? « Fuite de Varennes », avec velléité de lancer une contre-révolution depuis un bastion fidèle – le général Massu reprenant le rôle du marquis de Bouillé à Montmédy[221] ?

---

219. Peyrefitte Alain, *C'était de Gaulle*, *op. cit.*, p. 1788.
220. Clerc Christine, *« Adieu la France! » Pourquoi de Gaulle est parti*, Éditions de l'Observatoire, 2019, p. 78-79.
221. Dans la nuit du 20 au 21 juin 1791, Louis XVI, Marie-Antoinette et leurs proches quittèrent discrètement les Tuileries pour gagner Montmédy, en Lorraine, et y rejoindre les troupes du

Ou alors, machiavélique mise en scène afin de susciter un électrochoc dans l'opinion ? Les trois thèses ont circulé. La première est la bonne. Georges Pompidou écrira dans ses mémoires inachevés :

> En réalité, le Général avait eu une crise de découragement. Croyant la partie perdue, il avait choisi le retrait. En arrivant à Baden-Baden, les dispositions avaient été aussitôt prises pour un séjour prolongé. [...] C'est le général Massu qui, par son courage, sa liberté d'expression, son rappel du passé, l'assurance de la fidélité de l'armée, réussit à modifier la détermination du Général, puis à la retourner complètement[222].

De fait, dès le lendemain, c'est un de Gaulle maître de soi qui s'adresse à la nation.

> Étant le détenteur de la légitimité nationale et républicaine, j'ai envisagé depuis vingt-quatre heures toutes les éventualités, sans exception, qui me permettraient de la maintenir. J'ai pris mes résolutions.

En un peu moins de quatre minutes, il annonce qu'il ne se retire pas et ne change pas le Premier ministre, qu'il dissout l'Assemblée nationale et, vu les circonstances matérielles, diffère la date du référendum. Ces deux derniers points ont été imposés par Pompidou, qui a une nouvelle fois menacé de rendre son tablier. Au passage, le chef de l'État dénonce « l'intimidation, l'intoxication et la tyrannie exercées [...] par un parti qui est une

---

marquis de Bouillé, commandant des armées de l'Est. L'équipée prit fin à 50 km du but, lorsque le roi fut reconnu et arrêté.

222. Pompidou Georges, *Pour rétablir une vérité*, Flammarion, 1982, p. 201.

entreprise totalitaire». Une référence claire aux communistes : le retour d'un «péril rouge» cette fois largement imaginaire, pour mieux se profiler en «sauveur».

L'allocution poussive du 24 mai n'est plus qu'un mauvais souvenir. Celle-ci produit immédiatement l'effet escompté. Une foule immense, préalablement rameutée par les services de Michel Debré, envahit les Champs-Élysées pour lui apporter son soutien. En vingt-quatre heures, le vent a tourné. «Mai 68» touche à sa fin.

L'appel au peuple a une nouvelle fois fait merveille. Le 30 juin 1968, au soir du second tour des législatives, les candidats gaullistes ont conquis 293 sièges sur 487, soit la majorité absolue à l'Assemblée. Pourtant, le cœur n'y est pas. «Pompidou, comment expliquez-vous qu'après une telle victoire, nous soyons l'un l'autre désenchantés[223] ?» lance de Gaulle à son Premier ministre… Georges Pompidou est sorti éreinté et amer de la crise, qu'il a dû gérer en première ligne, contre la rue mais aussi contre l'Élysée. L'épisode de Baden-Baden en particulier, la désinvolture dont le chef de l'État a fait preuve à son égard, lui sont restés sur l'estomac. De son côté, en son for intérieur, de Gaulle sait que le résultat des législatives est autant, sinon davantage, la victoire de Pompidou que la sienne. Au reste, malgré le *happy end* électoral, il est douloureusement conscient que son prestige personnel est écorné. Il a flanché, et pas uniquement le 29 mai. Il a dû s'incliner devant son Premier ministre lors de la réouverture de la Sorbonne, à l'occasion des accords de Grenelle et sur le référendum. L'incarnation du pouvoir présidentiel fort et indépendant sous la coupe d'un « maître chanteur» ? Cela ne pouvait durer. Pompidou demande à

223. Clerc Christine, «*Adieu la France!*», *op. cit.*, p. 100.

être relevé de ses fonctions. Cette fois, sa requête est acceptée.

Maurice Couve de Murville, qui lui succède à Matignon, ne croit pas plus que son prédécesseur aux projets de «participation» du Général. En août 1967, ce dernier avait imposé à Pompidou une ordonnance mettant en place «la participation des salariés aux fruits de l'expansion des entreprises» privées ou publiques de plus de cent travailleurs. Dans l'esprit du chef de l'État, il ne s'agissait que d'une étape sur le chemin d'une réforme sociale bien plus large. «Il faut condamner le capitalisme, la société capitaliste, il faut la condamner expressément. Il faut condamner le communisme totalitaire. Il faut trouver une voie nouvelle, la participation», explique-t-il, en avril 1968, au député UDR de gauche David Rousset. Mais de lui avouer qu'il est coupé des Français, qu'il cherche «des hommes de bonne volonté qui comprennent le sens de cette bataille»... et qu'il n'en trouve pas.[224] Il résumera ses visées lors d'une conférence de presse donnée le 11 septembre à l'Élysée.

> Dans une entreprise, la participation doit revêtir trois formes distinctes. Pour ceux qui y travaillent, il faut d'abord qu'elle comporte l'intéressement direct, matériel, aux résultats obtenus. Il faut qu'elle comporte aussi le fait d'être mis au courant de la marche, car le sort de chacun en dépend. Et enfin, la possibilité de faire connaître et de faire valoir leurs propositions pratiques[225].

224. Alexandre Philippe, *Le duel de Gaulle-Pompidou*, Grasset, 1970, p. 216.
225. De Gaulle Charles, «Conférence de presse du 11 septembre 1968», site de l'ina.

Le projet de régionalisation et de réforme du Sénat qu'il entend soumettre à référendum s'est cependant recentré sur la participation du citoyen dans la société – afin de permettre l'émergence d'une « démocratie participative », pour le dire en termes contemporains. Mais là encore, l'incompréhension et même l'hostilité prévalent autour de lui. Tout cela semble secondaire, sinon « lunaire », face aux urgences économiques de l'heure. Les grèves de mai-juin et les hausses de salaire concédées lors des accords de Grenelle ont dégradé la situation budgétaire et monétaire. La plupart des experts et des ministres pressent le chef de l'État de dévaluer le franc pour restaurer les équilibres et la compétitivité des entreprises françaises, mais une fois encore, de Gaulle se cabre : ce serait capituler devant les milieux d'affaires qui attaquent la monnaie nationale et entamer la grandeur de la France. La dévaluation (de 12,5 %) sera finalement décidée en août 1969, quatre mois après son retrait.

La date du référendum est fixée au 27 avril 1969. De Gaulle demande un nouveau vote de confiance. « Il fallait que je sache si, oui ou non, les Français avaient encore envie de faire un effort, s'ils étaient avec moi pour entamer la phase de la participation[226] », confiera-t-il plus tard. Et de préciser, comme pour faire un sort à la thèse du « suicide politique » évoquée par certains : « La réforme des régions, c'était le dernier service que je pouvais rendre à la France[227]. » Le premier trimestre 1969 sera morose. De Gaulle s'emporte devant les jérémiades des courtisans : « Assez !... Au reste vous mentez. Vous n'attendez que ma chute pour vous réclamer de moi ! Quand de Gaulle sera parti, vous

226. Mauriac Jean, *Mort du général de Gaulle, op. cit.*, p. 53.
227. *Ibid.*, p. 54.

tous qui l'avez trahi, ferez carrière dans la fidélité[228]. » Songe-t-il à Pompidou ? Leurs relations se sont rafraîchies. Le 17 janvier, l'ancien Premier ministre n'a pas hésité à se déclarer candidat à l'Élysée si le Général se retirait, tout en précisant que, pour l'heure, la question ne se posait pas[229]. De la sorte, il a contribué à dissiper dans l'opinion la crainte d'une crise de régime, sur laquelle de Gaulle aurait pu tabler. Trois jours avant le référendum, ce dernier laisse échapper :

> J'ai dit autrefois que je saurai quitter les choses avant qu'elles ne me quittent... Croyez-moi, je tiendrai parole. La mer se retire. De Gaulle ne se laissera pas engloutir par les sables mouvants[230].

Le jour J, comme tous les sondages l'avaient annoncé, le « non » l'emporte, par 52,41 %. Le lendemain, lundi 28 avril 1969, à minuit dix, Charles de Gaulle publie un communiqué de deux lignes : « Je cesse d'exercer mes fonctions de Président de la République. Cette décision prend effet aujourd'hui à midi. »

---

228. Barreyre Frédéric, *Les derniers mots du Général*, *op. cit.*, p. 93.
229. Lacouture Jean, *De Gaulle, 3. Le souverain*, *op. cit.*, p. 746.
230. Barreyre Frédéric, *Les derniers mots du Général*, *op. cit.*, p. 97.

Épilogue

Le 15 juin 1969, Georges Pompidou devient le deuxième président de la Ve République. Le jour de l'élection, le général de Gaulle a choisi de se trouver en villégiature en Irlande. Trois jours plus tard, il brillera par son absence à la traditionnelle cérémonie patriotique du Mont Valérien; l'année suivante, il sera en Espagne... Un de ses aides de camp confiera que:

> Il ne voulait plus se trouver sur le territoire national le 18 juin, date du sursaut national, alors que les Français, en votant non au référendum, avaient marqué leur désir d'aller à l'abandon[231].

Le Général n'entend plus être mêlé en rien à la vie publique. À un voyage en Espagne près – au cours duquel il rendra visite au général Franco, au grand dam de nombreux compagnons de la Libération –, il s'est rendu invisible. Seule la rédaction des trois derniers volumes de ses *Mémoires* hante ses pensées. Il n'aura le temps d'achever que le premier, *Le Renouveau* (1958-1962), et deux chapitres du suivant, *L'Effort* (1962-1965), avant que la mort ne le saisisse, le 9 novembre 1970, à l'âge de 79 ans. Il explique à Jean d'Escrienne:

231. Mauriac Jean, *Mort du général de Gaulle, op. cit.*, p. 73-74.

> Dans ce premier tome, j'ai voulu montrer, avant toute autre chose, que j'ai eu « une » politique, que j'ai fait « une » politique : celle de la France. Je voudrais qu'on comprenne cela ! Avant, et pendant des années, on avait fait, en France, de la politique, ou souvent la politique des autres. Parce que le « parti de l'étranger », qui ne fut pas toujours le même, sous deux républiques, avait ses adeptes, ou ses complices, jusqu'aux plus hauts échelons de ce qu'on appelait l'État. Je voudrais donc être sûr qu'en me lisant, on saisisse bien qu'en 1958, les choses ont changé, et que la France, alors, n'a plus eu et fait qu'une politique : la sienne ! [...] Les intérêts de la France ne sont pas forcément, toujours, ceux de ses alliés ou partenaires. C'est pourquoi il est normal que chacun ait et fasse sa politique, nous, comme eux... Mais, en ce qui nous concerne, comme tout le monde en avait perdu l'habitude, on a été surpris et il y a eu des cris. Et c'est en France qu'on a crié le plus fort[232] !

Ce plaidoyer *pro domo* dépasse assurément la période historique évoquée dans *Le Renouveau* : il résume la mission que, dès 1940, Charles de Gaulle se fixa au service de la France, mû par cette « certaine idée » qu'il s'en faisait. D'aucuns objecteront que les « cris » négligemment évoqués ponctuèrent son ingratitude envers les Alliés, les conditions contestables de son retour aux affaires en 1958, sa pratique du pouvoir personnel ou l'abandon des Français d'Algérie... « Mais comment n'aurais-je pas appris que ce qui est salutaire à la nation ne va pas sans blâmes dans l'opinion, ni sans pertes dans l'élection[233] ? » répondra-t-il à la toute dernière ligne de *L'Effort*, visiblement en ordre avec sa conscience.

---

232. D'Escrienne Jean, *Le Général m'a dit, 1966-1970*, *op. cit.*, p. 59-60.
233. De Gaulle Charles, *Mémoires*, *op. cit.*, p. 1208.

Comme l'a écrit Philippe Braud, « l'aplomb, parfois brutal, avec lequel il exposait ses analyses, ses conceptions ou ses convictions, a toujours fasciné les uns, exaspéré les autres ». Mais le politiste de préciser que, chez de Gaulle, cette confiance en soi affichée va beaucoup plus loin que le sentiment d'avoir intellectuellement raison : « Il a, très tôt, l'intime conviction d'être investi d'une mission au service de la France, d'être appelé à un destin d'exception[234]. »

Patriote ou nationaliste ? « Le patriotisme, c'est aimer son pays. Le nationalisme, c'est détester celui des autres ». La citation lui est habituellement mais erronément attribuée – elle paraphrase Romain Gary[235]. Peu importe : comme on dit dans ces cas-là, « il aurait pu le dire »...

Apôtre d'un monde multipolaire, nouant des relations diplomatiques, culturelles et économiques avec une multitude de pays d'Europe de l'Est, d'Asie, d'Afrique et d'Amérique latine indépendamment de leur alignement idéologique, de Gaulle n'a jamais fait de sa vision de la grandeur et de la souveraineté de la France un « mysticisme national », au sens d'un repli identitaire. Il est favorable à la coopération européenne et, face aux agressions de l'empire soviétique, à Berlin en 1961, ou à Cuba l'année suivante, il ne craint pas de se ranger fermement aux côtés des États-Unis et, *ipso facto*, dans le camp opposé à celui du Bloc de l'Est et du Tiers-monde. Son pragmatisme, sa liberté de penser sans filtre idéologique et surtout sa foi dans le

234. Braud Philippe *in Dictionnaire de Gaulle*, *op. cit.*, p. 381.
235. « Le patriotisme, c'est d'abord l'amour des siens, le nationalisme, c'est d'abord la haine des autres », Gary Romain, *Pour Sganarelle*, Gallimard, 1965, p. 371.

rôle de la France sur la scène internationale, qu'il avait chevillée au corps, ne s'en trouveront jamais entravés.

Cette vision d'une France forte, indépendante et unie, où l'État est appelé à jouer un rôle stratégique en tant que moteur du développement économique mais aussi de la protection des citoyens, marque également profondément ses vues sociopolitiques. De Gaulle n'a eu de cesse d'intégrer les forces sociales dans la vie économique, d'œuvrer au partage des fruits de la croissance économique – largement imputables aux politiques économiques et de modernisation qu'il a lancées. Certes, pour ôter aux syndicats et aux forces de gauche leur domaine revendicatif... Mais surtout, et les deux éléments sont liés, pour assurer la cohésion nationale.

Son monde n'est plus mais il demeure une figure récupérée par l'ensemble du spectre politique, de l'extrême droite à une partie de l'extrême gauche. Qu'y cherchent-ils tous ? Pour convoquer Sartre, son vieux contempteur, si l'on range « l'impossible salut au magasin des accessoires[236] », que reste-t-il du général de Gaulle ? Un vouloir : ne pas se résigner à l'impuissance, forcer le destin, changer le cours de l'Histoire, au besoin en faisant litière de ses préférences – monarchistes ou impériales. Une vision, faite de grandeur, inséparable de l'indépendance et d'un âpre refus du théâtre[237]. En dernière analyse, une devise : « Regarder loin et viser haut[238] ! »

---

236. Sartre Jean-Paul, *Les Mots*, Gallimard, 1964, p. 213.
237. Malraux André, *Le Miroir des limbes, op. cit.*, p. 626.
238. De Gaulle Charles, « Vœux pour l'année 1963 », site de l'ina.

Bibliographie sélective

Écrits de Charles de Gaulle

Le Fil de l'épée et autres récits (*La Discorde chez l'ennemi, Le Fil de l'épée, Vers l'armée de métier, La France et son armée*), Plon, « Omnibus », 1990.

Mémoires (*L'Appel, L'Unité, Le Salut, Le Renouveau, L'Effort*), Gallimard, « Bibliothèque de la Pléiade », 2000.

Discours et messages, Plon, 1970.

Pour l'avenir: extraits choisis par l'Institut Charles de Gaulle, Le Livre de Poche, 1973.

Lettres, Notes et Carnets, 3 tomes, Robert Laffont, 2010.

Écrits sur Charles de Gaulle

Andrieu Claire, Braud Philippe, Piketty Guillaume [dir.], *Dictionnaire Charles de Gaulle*, Robert Laffont, « Bouquins », 2006.

Barré Jean-Luc, *De Gaulle, une vie*, Grasset, 2023.

Debray Régis, *À demain de Gaulle*, Gallimard, « Le Débat », 1990.

Jackson Julian, *De Gaulle. Une certaine idée de la France*, Seuil, 2019.

Kersaudy François, *Le monde selon de Gaulle*, Tallandier, 2018-2019.

Lacouture Jean, *De Gaulle* (*1. Le rebelle, 2. Le politique, 3. Le souverain*), Seuil, 1984-1986.

La Gorce Paul-Marie de, *Charles de Gaulle*, Librairie Académique Perrin, 1999.

Maraux André, « Les chênes qu'on abat », *Le Miroir des Limbes*, Gallimard, « Bibliothèque de la Pléiade », 1976.

Peyrefitte Alain, *C'était de Gaulle*, Gallimard, « Quarto », 2002.

Roussel Éric, *Charles de Gaulle*, Gallimard, 2002.

Touchard Jean, *Le Gaullisme 1940-1969*, Seuil, 1978.

Winock Michel, *Charles de Gaulle. Un rebelle habité par l'histoire*, Gallimard, 2019.

Table des matières

Derniers titres parus dans la même collection

Susan Sontag
A l'avant-garde de la sensibilité
Nicolas Poirier

Wollstonecraft
Le féminisme des Lumières
Amirpasha Tavakkoli

Wittgenstein
La mosaïque des fondements
Nicholas Saul-Tarrade

Makhno
L'épopée d'une Ukraine libertaire
Édouard Jourdain

Simon Leys
Vivre dans la vérité et aimer les crapauds
Jérôme Michel

G. A. Cohen
Sauver l'égalité
Fabien Tarrit, Pierre-Étienne Vandamme

Ayn Rand
L'égoïsme comme héroïsme
Mathilde Berger-Perrin

Stendhal
Figures de l'insoumission
Richard Bellin

Christine de Pizan
Une conseillère des Princes
Norbert Campagna

Édouard Glissant
Artisan du Tout-Monde
Aliocha Wald Lasowski

Frantz Fanon
L'antiracisme universaliste
Kévin Boucaud-Victoire

Guy Debord
Abolir le spectacle
Emmanuel Roux

Raoul Vaneigem
Une politique de la joie
Adeline Baldacchino

Elinor Ostrom
Le gouvernement des communs
Édouard Jourdain

Collection créée
par Antoine Garapon
et dirigée par Adeline Baldacchino

Nul ne peut prétendre détenir la recette magique du bien commun – pourtant, nous avons tous une idée, construite au fil de nos expériences et de nos lectures, qui permet de nous inventer un destin politique, entre « décence ordinaire » de la morale chère à Orwell et théories de la démocratie.

Cette collection a pour vocation d'aider chacun d'entre nous à se forger des convictions, voire un engagement, *en connaissance de cause*, c'est-à-dire au contact de pensées classiques ou neuves, mais toujours singulières et puissantes.

Qu'il s'agisse de droit, de littérature, d'économie ou de philosophie, l'objectif demeure simple : éclairer un pan du monde en donnant accès à un univers de sens, sous la forme d'une courte biographie intellectuelle, entre synthèse de référence et lecture enthousiaste, érudition et lisibilité, pédagogie et ferveur. Non pas vulgariser pour simplifier, mais clarifier pour inspirer, susciter l'adhésion ou la critique, donner envie de prolonger la réflexion par le débat.

Composition et mise en page : SIR

Achevé d'imprimer par Corlet
14110 Condé-en-Normandie
N° d'impression : 24100393
Dépôt légal : novembre 2024
N° d'édition : 00353